銀河人類にシフトするあなたへ

並木良和

目次

第3章　刻まれた「ミスリード」を修正する

第1章

「旧人類」から「銀河人類」へ

ダイナミックに変化する肉体

これまでの人類のあり方を「旧人類」とするならば、「銀河人類」はニュータイプの新人類、もしくは超人類です。

僕たち地球人にとって、２０２１年の冬至を超えてからの7年間――22、23、24、25、26、27、28年は、「銀河人類」へ移行するためのトレーニング期間。今後、この地球は鎖国状態から、宇宙の存在たちを受け入れるフェーズへと移行していきます。そのプロセスにおいて、僕たちは、宇宙に向けて意識をオープンにする必要があります。

これまでは大半の人が「ＵＦＯなら信じるけど、宇宙人は信じられない」とか「宇宙人なんているの？」とか、その程度の議論をするレベルでした。

でも、そんな意識のままでは、彼ら（宇宙）は迎え入れてくれることはありません。「いつまで眠ってるの？」と言われるのがオチです。そこで僕は、眠りから目醒《ざ》めた状態の人たちを「銀河人類」と呼ぶことにしました。

銀河人類とは、ひと言で言うと「自身の本質とつながっている人たち」のこと。「本質」をハイヤーセルフ、または自分の内なる神といってもいいでしょう。この部分と深くつながっていくと、サイキック能力が開花していくことになります。ひと月先ほどを見通しながら、生きることも可能になるので、これまでの人類のあり方とはまったく違うものになっていくでしょう。

なおかつ、銀河人類になると、眠っていたDNAの層も順次、活性化します。人間は本来12層（螺《ら》旋）のDNAを持っているのですが、これまで僕たちは、2層は使っていましたが、残り10層は「ジャンクDNA」と呼ばれ、機能していないことから、まるで必要のないもののように認識されていました。

しかし、休眠状態だったDNAが目醒め、潜在していた能力が開かれると、テレポーテーションやレビテーション（空中浮遊）など、SFのドラマや映画でしか観られなかった能力が次々と活性化していくことになります。つまり、ファンタジーとして描かれていたことが、実は、だれにも内在している当たり前の能力であったことが、どんどん明るみになってくるのです。

ＤＮＡが目醒めることによって、細胞も活性化されますから、肉体もアップデートされます。ＤＮＡ同様、多くの細胞も眠ったままでしたが、目醒めることで本来の働きをし始め、自己再生能力が格段に上がっていくのです。

そうなると「若返り」が可能になります。

これまで肉体は、年齢とともに老化していく一方でしたが、自己再生能力が上がれば、自分で新陳代謝を促せるようになります。それを「光合成」といってもいいでしょう。僕たちの細胞は、みずから光を蓄えられるようになり、光の保有率がアップすることによって光合成が起きるようになります。すると、肉体の機能が大きく変化し、眠っていた能力が目醒めるわけです。それによって、いわゆる超人的な肉体を持つようになり、寿命も飛躍的に延びていくでしょう。

さらに波動が上がり、アップデートが進んでいくと、いずれは肉体を維持できなくなります。つまり、魂が肉体に留まることができないほどに、その粒子が細やかに軽やかになるのです。

チベットの僧侶たちは、その状態を「虹の体」と表現するそうです。

「虹の体」を体現できるほどに修行を積んだ僧たちは、自分の寿命を迎えたあと肉体を消滅させます。死体を置いていかないので、ある意味、もっとも「理想的な死に方」と言えるでしょう。

その際、どんな経過をたどるのかというと、肉体年齢がどんどん巻き戻っていき、赤ちゃんになり、最終的に消えていくそうです。

『ベンジャミン・バトン　数奇な人生』というブラッド・ピット主演の映画で、老人として生まれ、年々若返り、ラストは赤ん坊になる主人公を描いていましたが、まさにあんな感じなのでしょう。ハリウッドは特にそうですが、映画の世界というのは、エンターテインメントとして描きつつ、真実を織り込んでいる作品がいくつもあるんですね。

ただ、肉体が年齢を遡っている時、途中経過を見られてしまうと、そこでストップしてしまうそうです。ですから、チベットの僧たちの間では「虹の体になるところを、決して見てはいけない」という厳しい決まりがありました。

というのも、「虹の体」は消える前にものすごい光を放つので、テントから光が漏れてしまいます。それを、どうしても見たくなった僧侶がテント内をのぞいてしまい、その瞬間、赤ちゃんのようになって浮かび上がっていた肉体が、そのままポトッと落ちてしまった、というケースが実際にあったのです。

そんな「虹の体」のエピソードは、まさに銀河人類を彷彿《ほうふつ》とさせますが、冒頭でお話したように、旧人類から銀河人類に移行するベーシックなタイミングは、2028年です。

ここを境に、古い地球と新しい地球のエネルギー的に重なり合っていた部分は完全に分かれ、新旧の接点は一切なくなります。今は、ネガティブとポジティブが混在している状態ですが、それはまだ新旧が重なっているため。2028年になると混在はなくなり、旧人類と銀河人類は完全にセパレートし、それぞれが選択した地球を体験していくのです。

そして新しい地球を選択した銀河人類が向かう先には「オープンコンタクト」が待っています。その時期は、2037年辺りになりますが、そこで、人類は地球外知的生命体、つまりE.T.と公の場で接触することになり、この地球の真の歴史や人類がなぜ誕生したのかなどの、根本的な理由を知ることになるのです。

これは大変、大きなインパクトで、隠されていた真実がようやく宇宙種族から語られることになるのです。

ライフスタイルも劇的に変わっていく

銀河人類へとシフトしていくと、生活環境も大きく変わります。

「自然を本当の意味で大事にする人たち」が増えていくので、たとえば建築物も、自然を切り開いて建てるという方法ではなく、自然の中に人工物をどう調和させるか、というアプローチに変わっていく。そのため、非常に独特な建築物ができていくでしょう。

なおかつ、宇宙のテクノロジーが導入されるようになるので、著しく進化、発展していきます。今もすでにムーンショット計画——「2050年までに体や脳、空間や時間といった、さまざまな制約から人々が解放された社会の実現」——が、掲げられていますが、これそのものが、というよりは、こうしたバーチャルの世界で生きる人たちも、進化したテクノロジーによって出てくるということです。

バーチャルの世界で生きる人たちというのは、肉体を放棄し、脳だけで生きようとする人たちで、これも新しい生き方の一つであり、進化のプロセスと言えるでしょう。ただ、脳だけを〝依り代〟にすると、肉体と違って、今までの僕たちからすると、想像を超えて生き続ける可能性が出てきます。そうなると、「脳だけで生きることを選択した人たち」の寿命はどうなるのか、という議論も当然出てくることになります。「何歳まで生きることにするのか」「好きなタイミングで死を迎えるのか」「その場合の倫理はどうなるのか」等、たくさんの課題に直面せざるを得ません。

また、その一方で、「バーチャルの世界で生きるなんて嫌だ」と、これまで通り肉体を伴って生活することを希望する人たちの中には、独自のコミュニティをつくって暮らす人もいますから、テクノロジー派とアナログ派が二極化する現象も起こります。

これは、分断を促す、いわゆる「闇側の計画」といった話ではなく、必然の流れなのです。僕たちの意識進化のプロセスにおいて、テクノロジーの導入は必要不可欠なものですが、それを受け入れたくないという人たちも必ず出てきますから、最初は、さまざまな意見が錯綜《さくそう》するのも自然なことでしょう。

ただ、繰り返しになりますが、テクノロジーの導入は必須です。宇宙の種族たちは、テクノロジーを積極的に取り入れているから進化しているのであり、僕たち人類もそれを提供され、使用することによって、意識は大きく変化し、これまでとはまったく違うライフスタイルへとシフトすることになるのです。

テクノロジーによって、大気汚染などの問題もクリアになっていきますし、病気も格段に減っていきます。

食べ物に関しても、「お肉を食べるのをやめましょう」といった流れが起きてきますが、おそらく「牛」「豚」「鶏」の順番で、徐々に減っていくことになるでしょう。「動物を屠殺《とさつ》して、それを食料にするのはどうなのか」という意識が芽生えてくるようになるのです。

そして、さらにテクノロジーが進んでいくと、機械をピッと身体の一部に当てるだけで栄養が摂《と》れるようになり、「食べる」ことの必要性が、なくなっていくのです。

ただ、それは食品産業の人たちの生活に直接関わってくるため、慎重に進められることになります。農家の方や漁師さんもそうですし、レストランなど飲食業に関わっている人たちの今後など、すべてをクリアにする必要があります。

これは、利権とか闇側の陰謀等といった話ではなく、シンプルに考えて、テクノロジーが進化すれば一気に職を失う人が増えるのは、必然と言えるでしょう。

だからこそ、問題を解決していくプロセスを、一つひとつ踏んでいく必要があるのです。そのため実現までに時間がかかりますが、その前に、僕たちの食に関する意識が変化していくことになります。まず、肉食に関する意識の変化が起き、食事の量に関しても、考えさせられることになるでしょう。

経済の面でも、変化は加速し、お金はなくなっていく方向性へと進みます。もちろん、一気になくなることはなく、デジタルへと移行し、徐々に変化することになります。

そうした変化の一環として、ベーシックインカムは確実に導入されます。最初は微々たる額ですが、ベーシックな部分は賄われるようになっていくため、導入後は生きるために働くということがなくなるのです。

ただ、そこに至る前に、日本経済は一旦、ガクンと落ち込むことになります。経済は低迷し、中小企業は次々に潰れ、生活保護を受けないと生きられない人たちも大勢出てくるでしょう。今の日本は、中小企業が社会を支えている部分が大きいのに、ここをサポートするどころか、まるで潰そうとするような流れになっていくのです。

そして、経済がこれ以上ないほど落ち込み、職を失う人々があとを絶たなくなると、生活保護が必要になります。そうなって初めて、ベーシックインカムを導入しましょうという動きが出てくるわけです。体制が動くということは、「そうせざるを得ない状況」が起きるということですから、経済の落ち込みは避けられないでしょう。

ただ、ベーシックインカムは文字通り「ベーシックな部分」だけを補助するものです。ですから「ベースの生活だけ保証してもらえればＯＫ」という人は働かなくなる人も出てくるかもしれませんが、「旅行に行きたい」「夢を叶《かな》えたい」という人たちは、続けて、仕事をすることになります。

そこで経済的な格差が出てくることになりますが、それは「支配構造における、資本主義経済システムから生まれる不平等」ではありません。単純に、個々の「働くか、働かないか」という自由意思によるもので、現在日本が抱えている格差の問題とはまったく異なります。

自己実現を目指す人、たとえば絵描きになりたいと思ったら、これまでは「絵だけでは食べていけない、だから絵を描くために働く」という構図もあったと思います。夢だけでは食べていけない、と思い込んでいたからです。

でも、ベースが賄われるようになれば、絵だけ描いて生きていけるので、食べるために働く必要はなります。すると今度は、自分がどんなライフスタイルを選び、どのような人生を送るか、といった選択における「格差」が出てくるのです。

現時点では「今はこれしか仕事がないから」と思い込み、特に情熱もなく働いている人もたくさんいるでしょう。でも、ベーシックインカムになった時、そうした人たちが違う生き方を選択できるようになっていく。「そんな社会が実現するわけがない」と言う人もいますが、これは必然の流れなのです。

その代わり、この流れが加速するに従って、世の中は、非常に〝ヒマ〟になります。「あぁ、ヒマだなぁ」と、日々ブラブラする人も増えるでしょう。何もすることがないから、いろいろ思索するようになるし、自分と向き合う時間も多くなり、「これについて、どう思う？」と、年中議論を交わすようなことも起きてくるでしょう。

ですが、繰り返しになりますが、ベーシックインカム＝仕事がなくなるわけではありません。今後はＡＩがさらに台頭し、多くの職業が取って代わられることになりますが、だからこそ、「あなたが本当にやりたいことは何？」と問われるわけです。お金のため、仕方なく今の仕事に追われるのか、心からやりたい仕事にやりがいを持って取り組むのか、どちらですか？と。言い方を変えると、自分の人生を能動的に選べる世の中になっていくのです。

こういう話をすると、「グローバリズム勢力による陰謀」とか「闇側の思うツボ」とか言い出す人たちも出てきますが、皆さん「闇」というものに過剰反応しすぎていませんか?

そもそも「闇」とは何者なのか理解していますか?という話になります。闇というのは一枚岩ではありません。あらゆる勢力が折り重なっており、その中でも争っていますから、全部を一緒くたに捉えているかぎり、本質は見えてきません。

本質が見えないまま「闇」についてどうこう騒ぐのは、いたずらに不安を煽《あお》るだけで、建設的ではありませんから、そういった議論に時間とエネルギーを費やすのはもったいないのではと僕は思っています。

E.T.が創った神々と人類の歴史

人類は、もともとグローバル勢力に搾取されてきました。なぜなら、ここはそういう惑星だから。この地球だけではなく、太陽系も天の川銀河系も、ニビル星からやって来たアヌンナキによって支配されてきました。

それを今さらどうこう言っても仕方がありません。宇宙の視点から見れば、それも必然の体験です。そこに、牙をむいて立ち向かっていくことに意味はなく、それをしたとしても、新たなネガティビティを生み出すだけでしょう。

そもそも、僕たち地球人は約22種族のハイブリット（交雑種）で、その中にはアヌンナキのDNAも含まれており、アヌンナキが遺伝子操作をすることで、人類を創造したのです。

その後、さまざまな種族が地球に入植し、それぞれの星や惑星の遺伝工学のエキスパートたちもやって来たのです。

そして、シリウスやプレアデスをはじめ、その他の種族の科学者たちによって、DNA操作が繰り返し行われることになりました。そんなふうに、宇宙の種族たちが、地球を〝実験場〟として使っている歴史があるわけです。

その過程をもう少し詳しく説明すると、アヌンナキ種族の中に、エンキ（エア）

とエンリルという兄弟がいました。弟のエンリルは支配欲が強く、人間を虐げていましたが、兄のエンキの方は、人間をこよなく愛し、大切に扱い、音楽をはじめとして、人間の生活を豊かにするものを教えました。

しかし、エンリルはそれをよく思わず、結局、エンリルが中心になって、支配体制を築いたのです。その結果、最終的にこの銀河系を「乗っ取る」という構図ができ上がったのです。

エンリルは宗教にも入り込み、宗教自体が彼の支配下に入ってしまいました。では、もともと、なぜアヌンナキは地球にやって来たのでしょうか。

理由は、彼らがいた惑星ニビルは、自分たちの星を守る大気が希薄になったため、金を必要としたからです。そして地球にやって来たのですが、彼らは地球の環境に適応できませんでした。重力になじめず、行動できる時間が、非常に限られてしまったのです。

そこで、隷属種として人間を創り出し、改良を重ね、今の人間（ホモ・サピエンス）になりました。自分たちの代わりに、人間を効率的に働かせて金を発掘し、ニビル星へ持ち帰ったのです。

その後、さまざまな宇宙の種族が「自分たちも参加させてほしい」と、加わってきました。しかし、地球はアヌンナキが幅を利かせていましたから、そこに入るためには彼らが欲しがる何か提供してなくてはいけない。そこで「自分たちが持っている、高いレベルの遺伝子工学を提供するから入れてくれない?」と言って次々と参入してきたのです。

その結果、先ほど言ったように、地球は壮大な実験場になり、およそ22種属のハイブリッドが生み出されたわけです。ですから、宇宙から見ても、地球人のポテンシャルは計り知れず、今も、宇宙人の中には、地球人を羨望の眼差しで見つめている者がいるのです。

ただ、テラ(地球)は、生命創造の実験の中で、唯一、クローンだけは創ることを許しませんでした。魂を持つ生き物を迎え入れるのはOKだけど、魂を持たないクローンは絶対に受け入れなかったのです。それだけ地球というのは、「命」を大切にしている星だったのです。

ちなみに、テラを「ガイア」と呼ぶ人もいて、どちらも地球をあらわす言葉ですが、まったく同じではありません。ガイアは女神ではありますが、どちらかというと男性性優位のエネルギーを象徴したもの。一方、テラは女性性優位のエネルギーをあらわしており、今は地球のエネルギーも変わってきていますから、僕はあえて「テラ」と呼ぶようにしています。

話を戻しましょう。先ほど、宗教も、E．T．種族に乗っ取られた歴史があるとお伝えしましたが、そうした話とは別に、神道の神々もまた、元をたどればE．T．です。

日本神話の神々は、いわゆる天津神《あまつかみ》系、国津神《くにつかみ》系に分けられますが、この地球に土着の神のような形で最初に根づいていたのは、国津神系といわれる神々（E．T．）でした。

そこに天津神系と呼ぶ宇宙人がやって来たわけですが、これがいわゆる天照大御神《あまてらすおおみかみ》が大国主神《おおくにぬしのかみ》に「国譲り」を要請した神話です。あれは、実は天津神系E．T．が、国津神系E．T．を侵略した物語なのです。

しかし、国津神系の大国主命はとても温和なので、侵略されても争うことを決して選択しませんでした。自分の子どもたち——事代主神《ことしろぬしのかみ》らと協議に協議を重ね、「わかった、申し出を受け入れる代わりに、自分たちが安住できる地をつくってほしい」と言って、建てさせたのが出雲大社。そして、子どもたちを島根県の美保神社をはじめとして、日本の重要なポイントとなる場所へ送り、そこで良き種をずっと保ち続けがら、好機を待っていた……。これが現在まで続く日本の神々の系譜なのです。

一方、西洋の神々もまた、東洋の神々と重なる部分を持っています。東西で同じ神を異なった側面からあらわしていることがあり、たとえば西洋でいう聖母マリアは東洋では観音と呼んだりしています。

須佐之男命《すさのおのみこと》も、実は日本の神話に出てくるよりずっと古くから存在していて、シュメール文明など、さまざまな古代文明に関わっています。彼は、一般的に理解されている姿よりも、ずっと大きな存在で、日本ができる以前から活躍していて、それはレムリアにまで遡ると言えるでしょう。

また、須佐之男命《すさのおのみこと》の親とされている伊邪那岐命《いざなぎのみこと》と伊邪那美命《いざなみのみこと》――伊邪那岐と伊邪那美という位置づけで言われている存在――の本当の姿は、饒速日命《にぎはやひのみこと》であり瀬織津姫《せおりつひめ》です。瀬織津姫は、宇宙を股にかけて働かれている女神ですが、古事記や日本書紀には登場しません。唯一、大祓詞《おおはらえのことば》の祝詞《のりと》の中にしか登場しない、非常に謎多き存在ですが、それは名前を改ざんされることで、封印されてしまったからなのです。

さらに、神話でおなじみの菊理姫《くくりひめ》や市杵島姫《いちきしまひめ》も、非常にパワフルな女神で、中でも市杵島姫はインドではサラスヴァティと呼ばれ、まったく違う側面を持っています。「日本の神様と、インドの神様にどんなつながりが？」と思うかもしれませんが、日本も含め世界の神話は根っこでつながっており、もっと大きな視点、引いた目で見ないと、全体像を把握できないということです。

目前に迫っている「大峠の時代」

今現在、地球に関わっている存在、アセンションのプロセスをサポートしている種族は、大きな括《くく》りでいうと、アンドロメダ、シリウス、プレアデス、オリオン、アルクトゥールスの5種族です。

ちなみに、先ほどお話したアヌンナキの中でも、エンキ（エア）は、僕たち人類を変わらずサポートしてくれています。一方、エンリルはすでに銀河系から追放されていて、彼がつくった旧システムの支配体制は終わりを迎えています。

また、天照大御神も、最初に地球に降りてきたのは非常に好戦的な存在ですが、現在、伊勢神宮に祀られている神とは別の存在です。天照大御神というのはもともと役職名みたいなものなので、今天照大御神の座についているのはシリウス系の存在。この神は、日本人をこよなく愛する、頭が切れる上に、優しく穏やか存在です。

先述したように、地球人は約22種族のハイブリットですが、人類の祖となるのは、ヒューマノイド（人）型の宇宙人種である、琴座のリラの存在です。彼らは翼を持っているのですが、その種族のＤＮＡをもっとも引き継いでいるのが日本人です。リラは「如来が棲《す》む惑星」、つまり「真理を悟った者」の星ですが、そんなリラの系譜を色濃く受け継いでいるのが僕たち日本人なのです。なので、日本人の意識の奥深くには、非常に高い精神性と霊性が内在していると言えるでしょう。

ここ数年、こういった宇宙に関する霊的な話をいろいろな人たちがするようになった背景には、銀河人類へとシフトする流れが起きていることがあげられます。

３年前のコロナ禍以前は、ごく一部の人たちの中で盛り上がっているだけで、宇宙や宇宙人のことを表立って話すと「大丈夫？」と心配され、微妙な雰囲気になっていたのではないでしょうか（笑）。でも、今はＮＨＫでも「異星人」や「ＵＦＯ」というワードが流れています。今後は、さらにいろんなことが明るみになり、長く封印されていた情報が次々と出てくるでしょう。

僕たちは宇宙の霊的真実について学校では何も学んでいないし、誰も教えてくれませんでしたが、今後はそういった記憶を持って生まれてくる人たちが増えてきます。

そして、宇宙の記憶を持って生まれた子たちが、自然発生的に人類の歴史やレムリアについて話をし始めたりするのです。そこでバラバラだったパズルのピースが組み合わさり、これまではわからなかった全体像が、ようやく顕《あらわ》になっていく。そうした現象がどんどん起きていくことになります。

その中で人々は、銀河人類として目を醒まし、新しい地球へとシフトしていくわけです。

２０２１年の冬至の日に目醒めのゲートが閉じましたが、その際、地球の全人口の２割がゲートを超えました。今現在も、２０２８年までは、古い地球から新しい地球へと乗り換える流れが加速し続けていますが、現時点で新しい地球へ移行できているのは、２０２１年の冬至に目醒めることを選択した2割のうちの、さらに2割とほんのわずかです。

今後も、古い地球と新しい地球が分岐する中で、新しい地球に向かう人たちは、人口が大幅に減少していく世界を体験することになるでしょう。

また、古い地球に残る人たちの世界も、２０２８年に向かって人口が減っていきます。結果、全人口約80億のうち、3分の2が残れば御の字という表現になるかもしれません。

もしかすると、人口が3分の1ぐらいになるかもしれないという切羽詰まった状況が「今」なのです。これは、不安や恐怖を煽っているのではなく、僕たち人類は今、真摯に自分と向き合い、生きとし生けるすべてのものと向き合い、本気で生き方を変える必要があり、それができなければ、崩壊の道が待っているかもしれない……だからこそ、一人ひとりが真剣に考える必要があるのだ、という宇宙からのサインであると捉えてください。なぜなら僕は、大変革に際して、必ずしも苦痛や困難さを体験する必要はないと思っているからです。僕たちの意識とあり方次第で、大難を小難に、小難を無難にすることができることを、僕はお伝えしているのです。

『日月神示《ひつきしんじ》』（神典研究家であり画家でもある岡本天明が、国常立尊《くにのとこたちのみこと》に憑《ひょう》依され、書いたとされる予言書）でも、地球上での大変動や大戦乱が起きる「大峠の時代」が本格化すると言われています。

そこには「天が地になり、地が天になる」とも記されており、これはポールシフト（惑星など天体の自転に伴う極が、何らかの要因で現在の位置から移動すること）をあらわしていると捉えている人もいますが、とにかく、『日月神示』に限らず、さまざまな文献や古代の叡智《えいち》を受け継ぐ部族によって、地球規模の大変革はすでに予言されており、それはもう目前に迫っているのです。

フェイク情報に惑わされない

そうした流れがある中で、僕たちはどのように、新しい地球へとシフトしていくか。これは、波乗りのようなもので、大波をうまく乗り切っていくことがとても重要になります。不安になったり怖《おそ》れたりする必要はありませんが、もはや怖がっている猶予もないというのが現状です。

僕が、こういった情報を高次から受け取っているのは、切羽詰まったこの状況を、少しでも変化させるためです。また、高次の存在たちも、聞く耳を持つ人々に、直感やインスピレーションを通して、大切なことに気づけるよう、日々働きかけています。

であれば、一緒に共同創造して、可能な最善・最高の流れを創っていけばいい、そのためには、皆さんも不安や恐怖に苛《さいな》まれるのではなく、現在の自分と、今できることに、もっと集中しましょうと、僕は強調してお伝えしたいのです。

さらに、今、注意しなくてはいけないのがフェイク情報です。こういった変化の時代、さまざまな秘密が明るみになっていく転換期というのは、嘘《うそ》や偽の情報も大量に出てきます。

「闇の存在は、こんな酷《ひど》いことをしている」と、真《まこと》しやかな文章と共に、証拠だとする写真がネットに出回るのはよくあることですが、きちんと調べれば、「つくり物」であることが明らかだったり、しっかり注意して見れば、「普通に説明がつく」ことを、誰それが言っているからとか、日々、溢《あふ》れかえる情報に振り回されてしまうことで、正確に判断できずに鵜呑《うの》みにし、それをさらに拡散してしまうようなケースが多く見受けられます。

ただ、もっとも厄介なのは、そういった明らかに間違った情報ではなく、正誤が入り混じった情報でしょう。

たとえば、エジプトにある巨大神殿は「人間ではなく巨人がつくったもので、世界各地で証拠となる巨人の骨が出土している」、といったような話を聞いたことがある人もいるでしょう。これに関しても、その骨が本物か偽物かはわかりません。

ですが、いわゆる「巨人」が存在していたのは本当です。エジプトの神殿等で見られる巨大な像も、弟子に囲まれ、ひときわ大きく描かれた仏陀の絵も、すべて等身大で、神様が偉大だから、シンボリックに大きく描かれたわけではありません。彼らは、「実際に本当に大きかった」のです。

こういう話をすると、多くの人が「そんなわけないじゃないか」と、さも当然のように笑って否定しますが、それぐらい僕たちは深く眠っていたのです。でも、そうした意識のままでは、オープンコンタクトが起きた時、意識を保っていられないでしょう。

太古の昔から、さまざまな宇宙の種族が地球とコンタクトを取ってきましたが、プレアデスの種族は体のつくりが僕たちとあまり変わらないので、意識における抵抗を最小限に抑えることができました。

でも、広大な宇宙にはスライムみたいな存在もいますし、エジプトの壁画に描かれている、頭だけ動物で体は人間という種族もいる。昔の火星人のイラストのようにタコのような姿かたちの者だっているし、翼を持った者もいます。

先ほどもお話したリラは如来の星で、そこに住む者たちは翼を持っています。如来の周りを、羽衣をまとった天女が飛んでいる絵を見たことがある人もいると思いますが、あれは、リラの種族が持つ翼を、羽衣のように捉えた人が描いた絵なのです。

イエスや聖母マリアの絵画でも、横にスペースシップのようなものが描かれ、そこから一条の光が差し込んだりしているのを見たことがあるかもしれません。あれも見たままの事実。彼らもまた宇宙とコンタクトを取っていましたから、そうした描写をされていたとしても、まったく不思議ではないのです。

とにかく大切なことは、さまざまな思惑に惑わされずに、真実を見極める目を持つということです。そのためには、物事を常に、高い視点から捉えることが大事になります。ジャッジするのではなく、心をオープンにし、ニュートラルな意識で向き合うことで、真実を汲《く》み取ることができるでしょう。

銀河人類へシフトするため心がけること

「銀河人類」へシフトすると、何が変化するのでしょう?

もっともわかりやすい基本的な変化は、感情体験です。平たく言うと、感情のアップダウンが限りなく少なくなるということです。喜怒哀楽をジェットコースターのように行ったり来たりすることなく、ニュートラルな状態でいられるようになるのです。さらに満ち足りていて、幸せな感覚が続くようになります。

また、物事を俯瞰《ふかん》して見られるようになり、自分や、周囲の現実を今までとは違った視点で眺めることができるようになるので、これまで気づかなかったことに気づき、見えなかったものが見え、捉えられなかったことが捉えられるようになるでしょう。

それだけでなく、意識の変化に伴い、肉体がアップデートされます。自分軸に一致することと相まって、疲れにくくなりますし、持久力も上がるので、たくさん動いても疲れないし、軽やかに動ける。「こんなに元気になれるんだ」と、生まれ変わったような「体感」の違いを感じるでしょう。

これはエネルギーがみなぎっている状態ですが、さらに波動が上がって細胞レベルから変化すると、肉体に透明感が出てきて、少し発光して見えるようになります。銀河人類として進化していくと、本質であるライトボディーも、より一層輝きを増すようになるからです。

そうなると、誰が見ても「何だろう?」と気づきますから、発光する人々をいろんな場所で見かけ、世の中が〝ざわつく現象〟も起きてくるかもしれません(笑)。

そんな銀河人類が、日々の生活で心がけることは、一に波動を上げる、二に波動を上げる、三、四がなくて、五に波動を上げることです。波動を上げるとはすなわち自分につながっていくことで、常々お話ししているように、自分といかに向き合っていくか、ということに尽きるのです。もちろん、波動を強くすることも大切ですから、グラウンディングにも、しっかり意識を向けましょう。

そして、もう一つ大事なのは、過去を引きずらないこと。過去は過去、あくまで記憶でしかなく実態のないものですから、いちいちそこに囚《とら》われず、今この瞬間を含め、前だけを向くことがとても大事になります。

言い換えると、いかに執着を手放すかということで、人や物に対してはもちろん、事柄に対しても囚われない意識を持つこと。

たとえばすごく楽しみにしていた予定が、急に変更になったとします。その時「何でキャンセルになったんだろう」「ずっと楽しみにしてたのに」等、くよくよ考えるのではなく、「えっ⁉ってことは、もっとワクワクする予定が入ってくるってことね！」と捉え方と気持ちを切り替えていくのです。

僕も、以前、本のデータが締め切りの日に全部、消えてしまったことがありました。でも、消えたものを悔やんだところで仕方ありません。「あ、消えちゃった、じゃ、もう一回やり直そう」と、ただそれだけです。そうやって切り替え上手になることがとても大事になります。

そのためには、後ろを向くのではなく前を向くのです。「データが消えた、どうしよう」「ここまで書いたのにムダになった」ではなく、「消えたということは、もっと良いものが書けるってことだ」と視点を変えるわけです。

すると、後ろに引っ張られていた意識が、パーンと「今」に戻ってきます。ただ、無理やり前を向こうとしたり、感情的になっている自分を否定しないようにしてください。それも統合に向けたプロセスですから、ただ手放していけばいいのです。

そうして自分で自分の感情をコントロールできる人が銀河人類であり、高い意識から行動することが、旧人類から新人類へシフトしていくための、大きなカギなのだと理解していただけたらと思います。

第2章

乱れたエネルギーバランスを整える

無条件の愛と浄化をつかさどる女神たち

この章のテーマは、聖母マリアと観音です。

どちらも、皆さんよくご存知のマスターかもしれませんね。さて、マスターたちは、それぞれつかさどっているエネルギーが違います。

たとえば、セントジャーメインならバイオレットフレーム、大天使ミカエルならロイヤルブルーの炎のエネルギーと、マスターごとに特有のエネルギーがあります。つまり、マスターの数だけエネルギーがあるということで、今回はその中でも、バランス調整に長けた、聖母マリアと観音のエネルギーをご紹介したいと思います。

ここ数年、日本だけでなく世界中の気象が大きく変動しています。それは僕たちの集合意識が変化しているためで、そこにアクセスしたとしたら、船酔いのように感じる人もいるでしょう。

それくらいエネルギーは揺れ動き、乱れており、そんな一人ひとりの意識が気象に反映されているのです。

でも、僕たちが、この「波動の乱気流」のバランスを取ることができるようになれば、地球も、速やかに穏やかな状態を取り戻すことができます。そのためには、僕たち一人ひとりが目を醒まし、ライトワーカーやスターシードとしての役割を担《にな》っていくことが大切になりますが、その際、まだ目醒めていない自分は劣っていると、自己否定するのはやめてください。

自分を否定することで魂を萎縮させ、波動を下げる結果につながってしまうからです。自分の現状を見て「どうしてこんなにうまくいかないんだろう」と思ったとしても、これは通過点にすぎず、必ず抜けられるんだ、ということに意識を置きながら、目の前のことに最善を尽くしていきましょう。

不安や恐怖に苛まれる時、あなたには二つのことが起きています。一つは、あなた自身を信じていないこと。もう一つは、あなたを守り導いてくれているガイドたちをまったく信頼していないということです。

あなたが心底、自分を守るガイドたちのサポートを信頼していたら、不安や恐怖が湧いてくる余地はありません。湧いてくるということは、信頼が欠如しているということ。不信感という周波数を使って距離を置き、自分とガイドたちの間に隙間ができてしまっているのです。

隙間が大きくなればなるほど、そこに闇が忍び寄ってきます。中には、憑依されることによって人が変わり、とんでもない事件につながってしまうこともあるでしょう。これがいわゆる「魔が差した」状態で、今は、そういう状態になってしまっている人が増えていますから、今後はもっと治安が悪くなっていくかもしれません。

でも、そんな時こそ「自分も巻き込まれたらどうしよう」ではなく、「私は隙をつくらないためにも、しっかり自分とつながろう」と決めてください。そして、これまで以上にガイドたちと交流し、連携を強化していく。その際、聖母マリアや観音のエネルギーが強力なサポートになります。

中でも、聖母マリアが扱うアクアマリンブルーレイのエネルギーは無条件の愛の性質をあらわしており、その純粋な愛ですべてを変容させてしまいます。このエネルギーをハートに設定すると、自分の中の頑《かたく》なさや孤独感、ネガティビティを溶かし、現実をより良い流れへとシフトさせることができるようになります。世の中が乱れていたとしても、影響されずに先へ先へと進んでいくことができるでしょう。

そして、もう一人が観音です。観音はラベンダーフレイムというエネルギーをつかさどっているのですが、観音自身の波動が上がったことでゴールドのエネルギーを帯びるようになり、「ゴールデンラベンダーフレイム」という、非常に波動の高いエネルギーに進化しています。

これはゴールドとラベンダーが絶妙に調和し、ハーモニーを奏でており、ヒーリング効果がパワフルです。また、カルマを昇華させ、浄霊の力も備えているため、生き霊や憑依を受けてしまった時も有効です。

波動が乱れやすい今の時代は、聖母マリアと観音のエネルギーがとても役に立ちますから、ぜひ活用されてみてください。

意識を集中させ、エネルギーロスを防ぐ

繰り返しになりますが、聖母マリアと観音は、同じ意識を違う側面から見た、同一の存在だと言われています。

でも、それぞれ違う形であらわれた時点で、そのエネルギーも働きも変化しますから「聖母マリアは聖母マリア」「観音は観音」と別々の存在として理解してください。これは分離しているのではなく、それぞれの性質を理解するという意味です。

さて、今回、聖母マリアから受け取るのは、アクアマリンブルーレイのエネルギーです。

聖母マリアのハートのエネルギーを、光線（レイ）を通してあなたのハートに転写させます。すると、あなたのハートから放たれる波動が変わるだけでなく、ヒーリングを通して自己変容が起こります。つまり、ネガティブなブロックが溶かされ、あなたの本質があらわれてくるようになるのです。

僕たちの本質は「こひしたふわよ」＝「こ（心地良い）・ひ（惹《ひ》かれる）・し

（しっくりくる、スッキリする）・た（楽しい）・ふ（腑《ふ》に落ちる）・わ（ワクワクする）・よ（喜びを感じる）」の周波数で振動していて、愛そのもの、調和そのものです。だから、もし、この本質を体現することができるようになれば、それらが、あなたの現実を映し出すフィルムとなり、幸せや豊かさに取り巻かれることになるでしょう。

ちなみに、聖母マリアの聖地といえばフランスの「ルルドの泉」が有名ですが、ここを訪れた人たちの多くは、実際に病気が治ったり、人生を好転させたり、まさに奇跡としか言いようのない体験をしています。この現象は、彼らが聖母マリアのエネルギーと共鳴し、意識の変容を体験したため。その結果、みずから奇跡を起こすことができたのです。

もちろん、イエスの母である彼女もまた、たゆまず自己変容を起こし続け、次元上昇し、マスターとなった存在です。僕たちも、いずれはマスターとして覚醒するわけですが、自分は今何次元なのかと、それを自己評価の対象にしてしまうと、途端に「あの人は次元が高い」とか「自分はまだスピリチュアル初心者」といった、比較が始まり「眠ってしまう」ので注意してください。

皆さんが今心がけるのは、自分自身と、自分の人生を楽しむことです。もし調子が悪いなら、調子を良くするように、バランスが崩れているなら、バランスを整えるように、自分と向き合い、セルフケアを心がけましょう。

そして、ネガティブな人や事柄とは、上手に距離を置くこと。たとえば嫌いな人のSNSをわざわざのぞきに行って「この人、またこんな写真をアップしてる」「またあんなこと言っててムカつく」と、逐一チェックしている人がいますが、それって嫌いどころか、もう「大好き」ですよね？（笑）。

人は焦点を当てたものを自分の中で拡大させますから、嫌いな人をフォーカスし続けていけば、自分の人生の中で、その人の存在がますます色濃くなってしまいます。

僕はいつも「人生はここにしかない」と言っています。これは、今、あなたの両目で見えている範囲内しか宇宙はないということです。

「いや、家の外に出れば世界は続いているけど」と思うでしょうが、続いていません。今、ここに見えているものが、あなたの世界のすべてであり、それ以外は「起きていると思っている」想念の世界。つまり想像の域を越えない「現実ではない」世界です。

ですから、あなたは、あなたが見ている世界のみを整えていけばいいのです。想像の世界のことを、ああでもないこうでもないと考え、悩んでいると、余計なことに意識を使って、どんどんエネルギーをロスしてしまいます。すると、あなたが本当に望むものを創り出したい時、エネルギー不足で現実に影響を及ぼすことができなくなり変化を生み出せません。

これが「思い通りの現実を創り出せない」最大の原因で、皆さんは、知らないうちに自分の大切なエネルギーを消耗してしまっているのです。

無駄なエネルギー消費を止めたいなら、見えている世界を心地良くすることだけに集中し、それ以外のことは、そこに向き合った時だけ考えるようにしてください。そうやって自分の意識を適切に使うことが、銀河人類、つまりエネルギーマスターへの道なのです。

僕は再三、「銀河人類にシフトするには、波動を上げて強くすることが大切」とお話していますが、エネルギーロスは波動の低下にもつながります。でも、目を醒まし続け、アセンションに向かっていけば、波動はどんどん上がることになります。僕たちは物理次元に生きていますから、波動が高く強くなり、その影響力を発揮すれば、それの強さに比例して、必要なものを引き寄せられるようになるのです。

それは、人間関係に恵まれることかもしれないし、たくさんのお金を得られることかもしれません。本来の意識を取り戻すことで、本当に望むものは何でも具現化することができるのです。

でも、望む現実を創造できるようになるほど、あなたは「物質的なことが目的ではない」と気づき、人間関係に恵まれようが、お金がたくさん入ろうが、どっちでもよくなります。なぜなら、「人生は、自分次第でどうとでもできる」と、本当の意味でわかってしまうから。

つまり、「目を醒ますことを決めた今、目の前の現実はすべて、目を醒ますための扉になっている」というシンプルさに立ち返り、その現実を映し出すのに使った周波数を手放した瞬間、本来の意識と力を取り戻し、魂から望むすべてのものを得られ、本当の意味で満ち足りた状態になるのです。

さて、聖母マリアと観音の高い周波数とつながり、共鳴することで、あなたの波動は大きく上昇します。そして、彼女たちのエネルギーを意識的に取り入れ、自己変容を促せば、その「音」は周囲にも影響し、ポジティブな循環を起こしていきます。

それは、世の中に、すなわち「あなたの見ている世界」に、大きな変化をもたらすでしょう。

聖母マリアとつながり新時代の準備を

変化に伴い、宇宙のマスターたちとの交流の質も変わってきます。銀河人類にシフトすると、その交流が「ナチュラル」になるのです。

聖母マリアも、いわゆる宇宙人と交流していましたし、そもそも、イエスや仏陀、古代エジプトの神々も皆、宇宙人です。

仏陀の絵が3メートルぐらいの大男に描かれているのも、エジプトの神殿の巨像も、デフォルメではなく「等身大」であるということは、何度もお伝えしていますが、そういった存在が本当にいたのだと理解する人たちが、今少しずつ増えてきており、これまでは想像の域を出なかった宇宙の種族たちとの交流が実際に始まっています。

それは、ものすごくエキサイティングなことで、たとえば、エジプトの巨像のような宇宙人が、ドシン、ドシンと、歩いている姿を想像してみてください。すごくないですか？（笑）。

極端に聞こえるかもしれませんが、僕たちは今、恐怖と不安を手放して、そんな世界を柔軟に受け入れていくことが求められています。そこで「きゃー、怖い」と逃げている場合ではありません。多種多様な存在たちと共存、共栄していくことが「新しい地球」のあり方の一つですから、宇宙の種族たちをも受け入れられるほどに、自己変容を遂げ「ウェルカム」と笑顔になれる余裕を持てたら最高ですね。

それができた時、彼らは安心して地球を訪れることができるようになります。僕は「早くそんな時代がきて、宇宙のファミリーと交流できたらいいのに」と常々思っていますが、皆さんも、統合というツールや、さまざまな方法を通して自己変容を遂げようとしているでしょう。宇宙の種族たちは、その様子をちゃんと見ています。そして、人類の集合意識が、ある一定の波動レベルまで引き上がった時、「もう大丈夫だろう」と、ようやく公に姿をあらわす準備が整うのです。

でも「その時」は、そんなに先の話ではありません。１００年後、２００年後というなら「自分には関係ない話」になるでしょうが、早ければ15年弱ほどの話です。

今、この瞬間も、世界はすごい速さで変化していますが、それが起きた時、人々の意識は急激に変わるでしょう。

まず「こうであるはず、こうであるべき」という、これまでの観念はガラガラと音を立てて崩れ去り、新しい意識の再構築が始まります。

オープンコンタクトも当然、相当な衝撃を受けますが、もっとインパクトがあるのは、その後の真実の情報開示でしょう。人類誕生の歴史から、これまで隠されてきた事実までが、順次開示される予定ですので、それを知ることで、僕たちは嫌でも目を醒まさざるを得なくなるわけです。

言い方を換えると、僕たちは、これだけ大きな変化を見届け体験するために、今世、みずからの意思で肉体を持って生まれてきたのです。

そんな貴重なタイミングを見計らって生まれてきたのに、「あの人はSNSで、こんな発信をしてた」「あの人にすごい意地悪な言い方をされた」などと、日常の些細なことに囚われ、時間とエネルギーの無駄遣いをするなんて、もったいなくないですか？

あなたは嫌いな人と関わり、文句を言いにここに来たわけでありません。肉体を持ったまま目を醒まし、アセンションするために生まれてきたのです。そうすれば波動は飛躍的に上昇し、認識力や感性が拡大し、これまでネガティブとジャッジしていたことなど、とても小さなものに思えてくるでしょう。

たとえば、イメージの中で地球の外に出てみてください。意識を広げ、地球を見下ろし、銀河を見下ろしていくと、地球で起きていることなんて何も見えないですよね。この「視点のシフト」、つまり僕たちは今、「神の視点を取り戻す」チャレンジをしているのです。

そして、そのサポートになるのが、聖母マリアと観音です。まずは、聖母マリアのアクアマリンブルーレイのエネルギーを受け取っていきましょう。

「無条件の愛」を受け取るワーク（聖母マリア）

①手のひらを上にして、軽く目を閉じ、軽くあごを引いて、背筋を自然に伸ばします。ハートチャクラ（胸の真ん中）に意識を置き、自分のペースで深呼吸を繰り返してください。

そして、足元にはプラチナシルバーのフィールドが広がり、周りは宇宙空間になっているのを想像しましょう。

②次に心の中で、「聖母マリア、どうぞ、私のもとに来てください」と呼びかけましょう。すると、美しく光り輝く聖母マリアがあなたの前に姿をあらわします。聖母マリアは、絵画などで見たことがあれば、そのイメージでもかまいません。よくわからなければ、ただ光の存在としてイメージしてもいいでしょ

聖母マリア

う。聖母マリアは、あなたを構成する意識の一部であり、自分の中の聖母マリアの意識を使うのだと理解してください。

③聖母マリアをよく視《み》ると、彼女の胸の真ん中にアクアマリンブルーのきれいなバラが咲いているのがわかります。透明感があり、光り輝いている、このバラをあなたのハートに転写するため、聖母マリアが、あなたに近づいてきます。彼女に「そのバラを私のハートに設定してください」と依頼しましょう。すると、聖母マリアが自身の胸からバラを取り出し、あなたのハートチャクラにすっと入れてくれますので、吸う息と共に胸に吸い込みます。そのまま、両手を重ねて胸に置き、アクアマリンブルーのバラがハートの中で息づいているのを感じてください。バラとあなたが一つになっていきます。

④次に、目の前の聖母マリアの上空に、「源」が太陽のように光り輝いている様をイメージしてください。そこから一条の光線がスーッと降りてきて、彼女

の頭頂からハートまで降りてきます。光は胸のバラのところでアクアマリンブルーのバラと一つになり、その光が、彼女の両肩、両腕、両手のひらを通り、アクアマリンブルーの光線を放射します。

⑤この一連のプロセスを、あなたも行います。あなたの頭上に源が光り輝いているのを視てください。そして、光線を頭頂からハートまで降ろします。光は、あなたの胸にあるアクアマリンブルーのバラと一つになり、あなたの両肩、両腕、両手のひらを通って溢れ出します。そのまま手のひらから放射し続けましょう。

⑥光線の回路が開いたので、あなたはこのエネルギーを送りたいところへ自由に送ることができます。まず、自分の体の中で、アクアマリンブルーの光線を必要としている部分はどこか探っていきましょう。それは頭かもしれないし、眼かもしれません。お腹や腰という人もいるでしょう。とにかく自分の体が必

要としている場所に手を当てて、エネルギーを流してあげます。途中で色がわからなくなっても、あなたのハートを通る光はアクアマリンブルーに変換するので大丈夫です。エネルギーが十分に流れ、次に移りたいと感じたら、当てる場所を変えてください。胸や喉などのチャクラでもいいでしょう。このエネルギーの周波数は「無条件の愛」そのものなので、光が当たると、そこにあるブロックが溶かされ、変化することで、本来の機能が目醒め始めます。

でも、ここ変えよう変えようとしてしまうと、無条件の愛のあり方から外れ、エネルギーが滞ってしまいますから、「治そう」とか「ブロックを外そう」と一生懸命にならないでください。アクアマリンブルーの光線があなたのハートを通し、両手から必要な場所へ流れていくのを、ただ感じていてください。これだけで、細胞の波動が上がり始めます。

⑦次に、「無条件の愛」のエネルギーを送りたい人やペットを思い描いてください。育てている植物でも大丈夫です。対象を選んだら、両手で器をつくり、

その空間にイメージします。そして、源から降りて来る光線をハートチャクラのバラを通して、アクアマリンブルーレイを対象へ流し続けます。この時も、エネルギーを「送ろう、送ろう」としないでください。アクアマリンブルーレイが、対象を包み込んでいるのをイメージするだけで届きますから、ただ、流れに身を任せてください。良くなっていくように願う必要もありません。光が流れ込むのをイメージするだけで、時空を超えてエネルギーを送ることができます。

十分に光を送れたと感じたら、アクアマリンブルーの光の繭に包まれている対象ごとポーンと宇宙に向けて解き放ってください。そのまま、宇宙に吸い込まれていき、キランッと光って消えていくのを見届けましょう。こうして、大いなる宇宙に委ねることで、必要な変化が促されることになります。

⑧アクアマリンブルーレイに関する最後のワークを行います。仕事の成功や人間関係の調和など、今のあなたが望むことを一つ選んでください。仲直りした

い人と打ち解けている姿や、抱えているプロジェクトが成功し、チームみんなでお祝いしている光景など願いが叶っている様を思い描きます。その時、離れた対象に送る時と同じ要領で、両手の上の空間に、クリスタルの球体（水晶玉）をイメージし、その中に望む現実が展開するのを視るといいでしょう。そこに、アクアマリンブルーの光を流してください。

⑨すると、あなたの望む結果に向けてエネルギーが活性化し、それが実現するのを妨げるブロックを溶かしていきます。この時も、しつこいようですが、期待や執着を手放してください。「無条件の愛の光」を、ただ、ニュートラルな意識で流してあげましょう。

⑩光を送りながら、直感的に「これでＯＫ」と感じたら、クリスタルの球体を宇宙にポーンと放ちます。そのまま、あなたの願いが宇宙に吸い込まれ、キランッと光って消えていくのを見届けたら、深呼吸……。あとは、大いなる宇宙

の流れに身を任せましょう。これであなたは、アクアマリンブルーレイをいつでも使うことができるようになりました。目の前にいる聖母マリアに感謝の気持ちを伝え、ゆっくり目を開けてください。そのままグーッと伸びをして、拳で腕や足を軽く叩《たた》いて、肉体を意識することでグラウンディングしておきましょう。

エネルギーの〝上手な流し手〟になるには

聖母マリアの「無条件の愛」のワークをする際、アクアマリンブルーを正確に思い描けなくても大丈夫です。源から自分に光を降ろし、ハートチャクラから両腕に流れていく時点で、アクアマリンブルーの光に変換されますから、仮にあなたがピンクの光をイメージしたとしても、その光はアクアマリンブルーです。このエネルギーを、自分の調子が悪い時、あるいは周りで疲れている人がいたら、「ニュートラルな意識で、ただ」流してあげましょう。それだけで変容が起こります。

「無条件の愛」は、変えようとする愛ではなく、ありのまま、あるがままでＯＫを出してあげるという愛です。なので「良くなれ」とか「治れ」と念じてしまうと、そのコントロール的なエネルギーは、愛ではなく、呪いになってしまいかねません。そこがこのワークのとても大事な部分になりますので、心に留めておいてください。

それさえ注意すれば、アクアマリンブルーレイのワークは自己メンテナンスの最良のツールであり、体調不良にも効果的です。体調が悪い、もしくは病気を患うというのは、自身の波動はもちろん、内臓の波動も落ちている状態なので、それを上げてあげることで、元の健康な状態を取り戻すことができるのです。

そのためには、ワークを日々の習慣にすることが大切になりますから、夜、ベッドに入って、寝ながら行うのもいいでしょう。

「横になっている状態だと、うまくイメージできない」と言う方もいますが、体がどのような状態でも、イメージの中のあなたは立っていますので光線はまっすぐ頭から入って来ることになります。つまり頭上に源の光が輝いていて、そこから光線がスーッと降りてきて、ハートまで流れてくると、アクアマリンブルーの光に変換され、両手からその光が溢れ出すイメージです。あとは、エネルギーを流し続けることを意図したら、そのまま寝てしまってもかまいません。

このような日々の自己ヒーリングを習慣にしていくと、波動のバランスを保つことができますし、エネルギーを流せば流すほど〝上手な流し手〟になって、高いレベルのヒーリングを行うことができるようになります。

熟練したヒーラーというのは、エネルギーをどれだけ流しているかによって決まり、1ヶ月に1回、思い出したように流す人と、毎日、数十秒でも流し続けている人とでは、上達の度合いがまったく変わります。継続することで、エネルギーのパイプが太く強くなっていくだけでなく、サイキックな感性も高まることになります。すると、あなたが誰かにヒーリングをする時、相手が敏感な人だと「すごいエネルギーだね」と言われるようになるでしょう。

負のエネルギーを浄化する観音パワー

続いては観音についてです。観音は、先ほど言ったように「ゴールデンラベンダーフレイム」の炎のエネルギーをつかさどっており、これは、優しいけれど、とてもパワフルなエネルギー。何らかのタイミングで浮上してきたカルマ的エネルギーを、捉えられていないものまで、昇華させる、非常に強力なエネルギーで、ゴールデンラベンダーフレイムに包まれながら呼吸するだけで、鼻腔《びくう》や毛穴から体内に流れ込み、細胞レベルに刻まれているカルマを浄化してくれます。

また、波動を上げるためには、自分の過ごす環境のクリアリングも必要になります。あなたが長い時間を過ごす環境——それは実家かもしれないし、仕事場かもしれませんが、空間を日頃から浄化しておくことで、自身の波動を高め、安定に保ち続けることができるようになるのです。

カルマ的エネルギーを浄化するワーク（観音）

①手のひらを上にして、軽く目を閉じ、軽くあごを引いて、背筋を自然に伸ばします。足元にはプラチナシルバーのフィールド、周りには宇宙空間が広がっています。それを確認したら、ハート、もしくはみぞおちに意識を置き、自分のペースで深い呼吸を繰り返してください。

観音は、あなたの意識の別側面であり、あなた自身もまた観音です。分離の意識を手放していくと「観音と私には何の違いもないのだ」と、体感でわかってくるでしょう。それでは、この磁場に観音を呼びます。心の中で「観音よ、どうぞ私のもとに来てください」と意図してください。

②観音があなたの磁場に降り立ちました。彼女の周りを、とてもきれいなゴー

観音

ルデンラベンダーの炎のエネルギーが包み込んでいるのを見てください。色がうまくイメージできなくても大丈夫です。その炎のエネルギーに包まれ、アルカイックスマイルを浮かべている観音を思い描きましょう。そして「どうぞ、私にゴールデンラベンダーフレイムを与えてください」と依頼します。すると、炎をたたえた観音があなたに近づき、自分を取り巻く炎をすくい取り両手の上に保ちます。小さなゴールデンラベンダーの炎が、彼女の手の上で燃えているのを見てください。これがあなたに与えられるエネルギーです。

③自分の足元に意識を向けてください。観音がその炎をあなたの足元にスッと入れてくれます。すると、炎はそのままあなたを包み込むように頭の上まで燃え上がり、全身がゴールデンラベンダーフレイムに包まれます。そのエネルギーを自分になじませるように、深呼吸を繰り返しましょう。鼻腔や毛穴から炎の粒子が吸収され、全身を構成する細胞の一つひとつがゴールデンラベンダーフレイムで満たされていきます。そして、ネガティブなカルマ的エネル

ギーが浄化され黒い煙になって、どんどん体から出ていきます。同時に、細胞の一つひとつが、クリスタルのように透明感のある輝きを放っていくのを感じましょう。深い呼吸を繰り返しているだけで、カルマが昇華されていきます。

④先ほど観音が自分の炎をすくい上げ、取り出したように、あなたも自身を取り巻くゴールデンラベンダーフレイムを取り出し、浄化に使うことができます。自分の部屋を浄化したいならすくい上げた炎で、空間を包み込んであげましょう。部屋中がゴールデンラベンダーのエネルギーで満たされます。もし家全体を浄化したければ、エネルギーは時間と空間を超えますから、外に出る必要はなく、炎のエネルギーが家全体を包み込むようにイメージすれば、炎は浄化がすむまで燃え続け、終われば自然に消えていきます。

⑤ゴールデンラベンダーフレイムを、誰かに使うなら、その人を思い浮かべ、先ほど観音があなたにやったように、自分の炎を相手の足元から入れて包み込

んであげましょう。あとは炎が必要な浄化をしてくれることになります。あなたはもう観音からエネルギーを与えられ、オーラが設定されているので、意図すればすぐに使うことができます。ゴールデンラベンダーフレイムを使いたい時には、いつでも、どこでも、炎に包まれていることを思い出し、それを呼吸してください。これを意識すればするほど、パワフルなエネルギーを実感できるようになるでしょう。

⑥それでは、観音に感謝の気持ちを伝え、一度大きく深呼吸をして、ゆっくりと目を開きます。グーッと背伸びをし、拳で軽く腕と足を叩いて、肉体を意識することでグラウンディングしておきます。

皆さんが陥りがちなのは、せっかくこういったエネルギーを受け取っても、使い続けずに終わってしまうことでしょう。「三日坊主」という言葉通り、ワークを教

わった直後3日ぐらいはやるのですが、あとは「ゴールデン……何だっけ？」と、すっかり忘れしまうわけです。

でも、エネルギーを自分のものにし、効果的に使えるようになりたいなら、意識的に使い続けることがとても重要です。

夜、ゴールデンラベンダーフレイムで浄化してあげてから寝るのと、そのままの状態で寝るのでは、あなた自身と、取り巻く環境の波動がまったく違ってきます。

環境の波動が下がると、居心地が悪くなってきますから、自分の部屋にいるのに落ち着かないなと感じたら、そのサインがやって来ています。そんな時は炎のエネルギーで包み込んであげましょう。すると、使用前、使用後の違いを、体感で感じられるので、まずは継続を心がけ、日々練習してみてください。

観音のゴールデンラベンダーフレイムは、カルマ的エネルギーの昇華のほかに生き霊など、あなたにまとわりついている、ネガティブなスピリットも浄化してくれます。日々の人間関係の中で、嫉妬や妬みといった念を受けてしまうこともありますが、そういったものを浄化し、クリアな状態に戻してくれるのです。なので、上手に工夫しながら、習慣にしていっていただけたらと思います。

第3章

刻まれた「ミスリード」を修正する

ターニングポイントを超える

このパートのテーマは、大天使ミカエルとセントジャーメインです。

この二人のマスターも、皆さんにとっておなじみだと思いますが、僕が彼らについて特に話すようになったのは、時代が移り変わるタイミングの２０１７年か２０１８年頃だったでしょうか。これから迎える転換期ということで、魚座の時代から水瓶座の時代へ移行し、前者をリードしてきた大天使ミカエルから、後者をリードするセントジャーメインへと世代交代しますよ、というお話をさせていただいていたんですね。

だからといって、大天使ミカエルがいなくなったわけではなく、今もセントジャーメインと共同しています。マスターたちの中にも「気の合うグループ」のようなもの、僕たちが感じる「友だち」や「仲間」の感覚と似たようなものがあって、マスター同士でチームを組んで、「共同創造」することがあるんですね。つまり、宇宙の進化に向けて、一丸となって奉仕するわけです。

今回は、そんな大天使ミカエルとセントジャーメインと共に、新しい地球に向かう準備をしていきます。

新しい地球への本格的なスタートが切られたのが２０２４年で、ここから２０２８年までは怒涛《どとう》の時代を迎えます。２０２１年の冬至から、すでに古い地球との分岐が始まっているのですが、そのスピードが加速してきているので、「ターニングポイント」がどんどん増えていくのです。

ターニングポイントというのは、成長段階におけるポイントとなる地点で、ここを越えないと次には進めません。ポイントごとに課題のようなものがあり、それをクリアする必要があるのです。

つまり、スピードがますます加速しているのは、人類が、新しい地球へと可能な限り速く到達しようとしているため。そのぶん、ターニングポイントを迎えるペースも速くなり、より細かく設定されることになるのです。

でも、ターニングポイントを知らなくても、皆さんが常に「自分と一致する」生き方をしていれば、それでＯＫです。そうすれば、必要なタイミングで必要なことに導かれていくからです。

日々、自分と向き合い、目の前の現実を通して捉えた「ネガティブな周波数（心地良くない感覚）」を丁寧に手放し統合する。こうした生き方を意識していれば、課題はクリアされ、そのたびに自分も人生も、どんどん変化していくのがわかるでしょう。

ここで大切なポイントは、無理にとか、イヤイヤ統合するというスタンスに陥らないようにする、ということです。「統合」は、本来の自分を思い出し、完全な意識に立ち返るだけですから、「しなきゃ」とか「やらなきゃ」と、強いる必要はまったくないのです。

その代わり、「自分が映し出す現実を体験に使うのではなく、統合の扉にする」という意図は、明確にしておいてください。

僕たちは、目を醒ますか、眠り続けるか、二者択一の生き方しかできません。目を醒ますというのは、出てくるバイブレーションを体験に使うのではなく、それを捉えて手放していくということ。一方、眠るというのは、バイブレーションを使って体験していくことですから、まったく生き方が違います。

そう言うと「じゃあ、目を醒ますためには、現実を楽しんじゃいけないんですか?」と言う人がいますが、そんなことはありません。

そもそも「現実を楽しむ」とは、どういうことなんだろうという話で、「こひしたふわよ」の周波数で「ここ」にいれば、本質である魂と常につながっていられます。そうなると、もう無条件に「楽しい」のです。

なぜなら、自分の本質が「楽しい」という周波数そのものので振動しているから。つまり、自分=楽しさそのものなので、何が起きても楽しいし、何が起きていなくても楽しい、という外の現実に影響されない状態になるのです。

そうなると、外側の現実を「楽しむ」「楽しまない」という次元から、どんどん外れていくんですね。

だからこそ、「現実を楽しんじゃいけないんですか?」という質問をする人に、「じゃあ、あなたは本当の楽しみを体験したくないですか?」と逆に質問したいのです。

幸福にしても豊かさにしても、皆さん、それを追い求めていますが、追い求めていく生き方というのは「外に何かがある」というスタンスそのものです。

つまり、幸せにしてくれる「何か」、豊かにしてくれる「何か」が外にあると信じて進んでいる状態。でも、向かう先は、「外」ではなく「自分（内）」なのです。

スピリチュアルの世界では「自分の中にすべてがあり、自分自身がすべてである」という概念があり、皆さんも、頭ではわかっているでしょう。そして、それを体験したいと願い、いろいろな角度から取り組んでいることと思います。

でも、その過程で、どうしても形としての何か、手に入れる何かを外に求めてしまうことがあります。そうなると、自分が本当に望むところにたどり着けなくなります。つまり、望むルートへ向かうには方向転換が必要なのです。

言い方を変えると、ここが「ズレていくポイント」で、どれだけワークをやろうと、スピリチュアルを学ぼうと、ズレたままでは新しい地球に「行っているふう」にしかなりません。新しい地球に「いるふう」でも、実際には「新しい地球ふう」の古い地球にしか降り立っていないのです。

「統合疲れ」のズレにハマったら

新しい地球と古い地球の間には壁があります。ここを超えていくためには、それ相応の準備が必要になります。そこで行き詰まるのが、先ほどからお話している「認識のズレ」です。

これは比喩的表現になりますが、その壁に自分の体の形通りの入口があるとします。そしてズレがなければ、スムーズに通り抜けることができるんですね。

でも、ズレていると、真っ直ぐに進んでも、その型を通り抜けられず、壁にぶつかってしまうのです。つまり、ズレを修正することが壁を越える必須条件であり、それをクリアし、次元の壁を超えれば、その先には「そんな馬鹿な?」と感嘆するような世界が待っているでしょう。

ただ、この壁を超えられるのは、2028年まで。それを越えると、古い地球と新しい地球の接点がなくなり、両者は完全に分岐することになるからです。

そこから、さらに2030年、2032年と大きなターニングポイントが続いていきますが、この段階までくると、あなたは、もう自分がどちらに降り立っているか理解でき、「これが新しい地球なんだな」と明確にわかるでしょう。新しい地球は、古い地球と比べて、あらゆる点で違いが明確になるからです。

以前、アセンションのプロセスにおいて「新しい地球にはユニコーンがいるかもしれない」とお話したことがありますが、これは比喩ではありません。新しい地球では、これまではあり得ないと思っていたことが、普通になっていくのです。

ユニコーンは、架空の存在として認識されてきましたが、アトランティスの黄金期と呼ばれていた時代には、地球に存在していたのです。その後、エゴの肥大化による支配体制の拡大もあり、波動が著しく低下したため、純粋さそのもののユニコーンは、その汚染された地球に存在できなくなり、去ってしまったのです。でも、新しい地球で、かつての高い周波数を達成することができれば、ユニコーンたちは再び戻ってくることになるでしょう。そこまで波動を上げることが、銀河人類へとシフトする僕たちのミッションの一つなのです。

とはいえ、今の地球はまだ「ユニコーンが戻るとか、気は確かですか？」といった意識状態でしょう。新しい地球と古い地球とでは、それくらい意識の次元が乖離《かいり》しているのです。

「UFOがいるか、いないか」の議論も同じです。そもそも僕たちはもともと宇宙人だったのに、存在の有無を議論するなんてナンセンスなのですが、それほど人類の意識は檻《おり》の中に固く閉じ込められてしまったのです。そこから出ていくのは口で言うほど簡単なことではありません。

けれども、皆さんは今「ユニコーンが戻る」と言われても、普通に聞けるぐらい意識が拡大しています。それが良い悪いということではないですし、中には意識の拡大を否定する人もいるでしょう。

たとえば「霊の存在とか知りたくないし、いたら困る」と怖れている人もいるかもしれません。でも、否定的なものの見方をしている限り新しい地球に行くことはできません。次元を超えるためには、その「意識の歪《ゆが》み」を修正していく必要があるのです。

修正できていればターニングポイントが来るたびに、上昇気流に乗って一気に加速し、進んでいくことができます。

ただ、波動を上げていくプロセスで、統合ではなく分離の方向に流れていってしまう人たちが驚くほどたくさんいます。原因の一つは、いわゆる「統合疲れ」で、100の位置からズレた統合をしていると、当然のように疲れてしまうのです。

疲れる理由は「統合しなきゃ」「波動を上げなきゃ」と自分にプレッシャーをかけ、やったことに対して否定や後悔をしてしまうから。それが積もり積もってストレスになり、疲労困憊《こんぱい》してしまうわけです。まず、この「〜しなきゃ」という「こうでなければならない」というあり方が、「眠り」なのです。そうして、現実に突っこんで行けば、当然、本来の自分から離れていきますから。

セミナー等で「統合で疲れることはありませんか」とよく質問されますが、僕は一度も疲れたことはありません。統合は「ただ手を放すだけ」なので、楽に軽やかになることはあっても、疲れることはありません。なので、もし、あなたが疲れを感じているなら、統合のスタンスから、いつの間にかズレてしまっているのです。なので、ズレに気づいて軌道修正しない限り、ズレっぱなしのまま進むことになってしまうわけです。

では、どうしたらズレを修正できるのか。いちばん大事なのは、ズレを否定しないことです。人間ですから、ネガティブな感情が湧いてくるのは当然ですし、それを体験するのが「眠りの醍醐《だいご》味」だったのですから、それは長い歴史の「習慣」が出ただけなのです。

なのに、それを否定するから、そこで止まって動けなくなるんですね。まず、「ネガティブは悪いもの」なんて僕はひと言も言っていません。むしろ、ネガティブはデリシャスです。避けたくなるものほど、大きな統合の扉になっていて、それを開ければ、その先には、本来の雄大で制限のない自由な意識が待っていて、あなたは本当の自分と深くつながることができるのですから。

ですから統合が目的なら、どんな感情を捉えても、ただ手を放してください。それがズレを修正する、もっとも効果的な方法と言えるでしょう。

世界で何が起きても自分に集中

人類の脳はまだ進化の途中です。

僕たちは今、人の脳という段階から、さらに次の段階へシフトしようとしており、進化した脳を「神の脳」と言ったりもします。僕はそれを「人の道から神の道へ」と表現しているのですが、ここで言う「神」とは何の穢《けが》れも欠けもない、みんなが崇《あが》め奉《たてまつ》る聖人君主のような存在のことではありません。

皆さん、神話を知っていますよね。日本神話も含め、世界にはギリシャ、シュメール、エジプト……と、さまざまな文明の神話がありますが、その中に登場する神々の話を聞くと、とても人間臭いと思いませんか？

争ったり、欺いたり、嫉妬したり、「これで神様なの？」と、突っ込みたくなるようなキャラクターばかりです。

でも、僕たちが神と呼んでいる存在は、本来、そういうものなのです。人間臭い部分をたくさん持っているのに、人類は「神様は、完璧であり、聖人君主である」

と思い込まされてきました。これが大きな「コントロール」で、神というつくり込まれた存在を信仰し、極端な言い方をすると「神とは、人間など足元にも及ばぬ雲の上の存在であり、力の劣った罪深い人間は神の下僕である」と思い込むよう「洗脳」されてきたのです。

では、「すべてを超越した〝神〟的な存在」はいないのかと、問われれば、もちろんいます。僕たちはどんどん進化、発展、成長、拡大していきますから、そういった存在がいるのは確かです。ただ、それは、僕たちが思い込まされてきたような「神」という存在ではないのです。

誰もが一度は「神って何だろう?」と考えたことがあると思いますが、一般的に、僕たちが神だと思っている存在は異星人、E.T.です。はるか昔、彼らが、この地球を行き来していた時代があり、その時のことを「歴史として」詳細に記録したものが残されていても、いつしか、今の僕たちでは理解できないため、「神話」=「ファンタジー」として片づけられてしまった背景があります。

でも、本来の自分とつながっていくと、本当の歴史を憶《おも》い出していくことになります。

憶い出さないまでも、「実際はこういうことも、あったんじゃないか」と気づいたり、感じたりするようになるでしょう。

実際、今はいろいろな研究データにより、神話と歴史上の事実が一致する部分が明らかにされており「神話はファンタジー」という説が段々と覆っています。

そうなると、僕たちの意識もガラッと変わり、新たな神話（歴史）を創り始めるようになるでしょう。人類は今、そんなエキサイティングなこと、「とんでもなく楽しいこと」をやろうとしているのです。

そのための大きなスタートを、最初に切る必要があるのは日本であり、新しい地球の文明の礎になろうとしているのです。

その一方、地球ではあちこちで火種が勃発し、イスラエルとガザの紛争もどんどん激化しています。これは「上にあるが如く下にあり」と僕がいつもお話している通りで、この宇宙でも常に戦争は起きており、それが地球に反映されているわけです。

イスラエルはもともと「もっとも進化した宇宙の都市を反映させる」というプロジェクトのために選ばれた土地です。残念ながら実現されませんでしたが、逆に、土地を取り巻くエネルギーの奪い合いのほか利権問題も絡み、どんどん複雑化しているように見えます。

しかし、これは、火の地球と言われてきた戦いの歴史を助長する動きではなく、その歴史を完全に終わりにしようという動きであり、そこがこれまでの戦争とは違うところなのです。

イスラエルの紛争は、2022年から始まった「大激動の4年間」のプロセスと言えます。そのため、もう暫《しばら》く続くことになりますが「それなら大変じゃないか」と心を乱すのではなく、「こうしてすべてのネガティブを炙り出し、終わりにしようとしているんだな」と、俯瞰する意識で捉えるようにしてみてください。そして、世界の情勢や周囲の状況に惑わされず、自分の人生に集中すること。それが新しい地球に移行していくための大切なポイントになります。

どんな世の中であろうと、何が起きていようと、自分の人生は自分が創っていくものですから、あなたは自分に集中し、人生に責任を持ち、思いっきり楽しんでください。そうすることで、あらゆることがうまく流れていくでしょう。

「でもこの戦争はどうするの」「地震の被害についてはどうするの」と言いたくなるのはよくわかりますが、どれだけ心配しても、僕たちにはどうすることもできません。何か備えることで安心できるなら、可能なことをすべて行ってください。でもその後は、今、目の前にある、自分の人生を十二分に楽しみましょう。

なぜなら、外の現実によって一喜一憂していていれば、さらに深く眠ってしまうから。新しい地球は、自分発信で、みずから創造していく意識を持つ人たちが住む世界です。これまでのように「こんなことが起きた！どうする？どうしよう？」と何か起きるたび右往左往していたら、さらにズレていってしまうでしょう。

そこで、何かあるとすぐズレる、というあり方を軌道修正するためのワークをご紹介したいと思います。

DNAレベルの洗脳をクリアリング

僕たちの潜在意識には、本来向かうべき方向ではない方へと「ミスリード」するプログラムが刻み込まれています。ですから、まずはそうした情報やエネルギーを解放し、新しい地球に向かう知恵や叡智をダウンロードすることで、ズレを修正していく必要があります。

しかし、先ほどの神話の話でもお話した通り、僕たちは深いレベルで洗脳されており、しかもDNAレベルで行われていますから、完全にクリアにするのは容易なことではありませんが、大天使ミカエルとセントジャーメインが強力なサポーターになってくれますので、繰り返し手放していきましょう。

ワーク中に彼らの姿をイメージする際、絵やイラストなどで見た姿を想像してもいいですし、わからなければ、ただの光の存在としてイメージすればOKですので、うまく想像できるできないと悩まずに、気楽に行ってみていただけたらと思います。

ミスリードから解放されるワーク（大天使ミカエルとセントジャーメイン）

①手のひらを上にして座り、軽く目を閉じ、軽くあごを引き、背筋を自然に伸ばします。これまで何世紀もずっと、それが真実だと捉えていたこと、正しいと信じ込んでいたことが、これからはガラガラと音を立てて崩れていく時代です。皆さんはそれを目撃するため、肉体を持って体験したいとみずから望み、地球にやって来ました。それでは、潜在意識に刻み込まれた偽りの情報を解放するためのワークをしていきましょう。足元にはプラチナシルバーのフィールド、周りは宇宙空間になっているのを視てください。ぐーっと視点を高く引き上げるイメージで、上からフィールドを見渡します。

大天使ミカエル

セントジャーメイン

②次に、自分の魂の中心である、みぞおちに意識を向け、心の中で「何世紀にもわたって刻み込まれてきた誤った情報、誤った知識、誤った知恵、誤ったエネルギーのすべてを解放する」と宣言しましょう。すると、あなたの目の前に扉が出現します。薄暗いところからぼーっと光りながら、徐々にしっかりとした輪郭の扉があらわれてきますので、それを視てください。この扉の向こうには、あなたがミスリードされてきた情報やエネルギー、正しいと教え込まれてきた知恵や知識の場があります。

③扉の前に立つと、自動で開きますから、そのまま入ってください。そこは物置のようにごちゃごちゃしており、箱がいくつも積まれ、書物のようなものが何冊も重ねられています。でも部屋の真ん中には、大天使ミカエルとセントジャーメインが立っていて、あなたが、ミスリードされてきた情報や知恵、エネルギー等をクリアにするサポートをするため待ってくれています。

④さらによく視ると、目の前にあるガラクタの中には、きれいに光り輝く真の情報や叡智、エネルギーもあります。これは、あなたが受け取ってきた大事な宝物ですから、ミスリードされてきたものと、きっちり分ける必要があります。大きな箱をイメージし、その中にガラクタを入れていきましょう。宝物は光り輝いていますが、必要のないガラクタは汚れていたり、壊れているのでひと目でわかります。ガラクタはひと抱えにして一気に箱に入れてしまってください。真の情報や叡智、そしてエネルギーが紛れ込んでしまったとしても、大天使ミカエルとセントジャーメインが修正してくれるので大丈夫。きれいなものだけ、真実のものだけを残し、あとは全部片づけてしまいます。ガラクタを全部入れたら、荷造りするように黄金のガムテープを貼って蓋をし、一回深呼吸。部屋を見渡すと、あなたをミスリードする情報やエネルギーはひとつもなく、きれいなもの、真実のものしか残っていないので、清々しく軽やかな空気感が漂い、光り輝いているだけでなく、何とも言えないかぐわしい香りもしてきます。

⑤それでも、まだ表面的なところをきれいにしただけです。もっと深いところに刻まれているものがあり、そこにはあなた一人では入っていけないので、マスターたちの手を借りる必要があります。大天使ミカエルとセントジャーメインがある方向に向かって指を指すので、その先を視てください。そこには錆びつき、鎖で何重にも縛られた鉄の扉があります。この扉の先には、自分では捉えられないほど、深く巧みにミスリードされた情報や知恵、そしてエネルギーに満ちた部屋があります。

⑥では大天使ミカエル、セントジャーメインと一緒に、扉の前に立ってください。大天使ミカエルが、大剣で鎖をズバッと断ち切ります。するとひと筋の光が射し、扉が壊れます。その向こう側はとてもカビ臭く、湿った熱気のこもった不快な部屋です。彼らと一緒に入っていきましょう。

⑦部屋はとても暗く、あなたを本来の方向から逆走させるような、ネガティブ

な情報やエネルギーしかありません。マスターたちと奥に入っていくと、あなたの背丈ぐらいある大きくて錆びた十字架と、トカゲが二足歩行しているような不思議な像が視えてきます。その周りには、世界中の宗教の教えが刻み込まれた書物も、たくさん積まれています。さらに、戦車や刀、銃、日本の武将が着ていたような鎧などが、そこかしこに散らばっています。耳をそばだてると、「神は絶対であって、人間は神のしもべである」「人間には大した力はない」「神と人間は違う」といった声がわんわん響き、その一語一語が石の塊になってボトボト落ちてきます。ここは、そうやって恐怖でコントロールし、あなたの力を封じ込め、本当は何者であるかを思い出させないための仕掛けが施された、コントロール・ルームです。

⑧これから、この部屋にあるものも、先ほどと同じようにすべて箱に入れていきます。

マスターたちが放つ光を頼りに、箱をイメージし、十字架もトカゲのような像も、書物も、武器も、ひとつ残らず箱に詰め込んでいきましょう。全部片づけたら、黄金のガムテープで封をしてください。そして、胸を3回、トントントンと叩いて深呼吸したら、箱を持って部屋を出て、先ほどのピカピカになった部屋に戻ります。そこに置いてある、さっき片づけた箱も一緒に持ち上げ、二人のマスターと一緒に最初の扉を出ていきましょう。

⑨あなたの前に立っている二人のマスターを見ると、大天使ミカエルは、きれいに輝くロイヤルブルーの炎を、セントジャーメインはバイオレットの炎を手に持っています。彼らは、ふたつの炎をスーッと合わせ、1つの純白の炎にし、あなたの目の前で、磁場からボッと大きく立ち上らせます。これは二人のエネルギーが統合されてできた炎です。その中に、あなたが持っている二つの箱をくべるようセントジャーメインが促しますので、燃やしてしまいましょう。炎の中で、あなたをミスリードする情報、エネルギー、知恵、叡智が、逃れることなく、漏れることなく、燃やし尽くされていきます。それを視ながら、心の

中で「私は今後、ミスリードする情報には一切影響されない」「私は外の情報ではなく、自分の内なる叡智を信頼する」と明確に宣言してください。

⑩箱はどんどん燃やし尽くされ、浄化され、キラキラした黄金の粒子に変わっていきます。この光は、ニュートラルなエネルギー、元の純粋なエネルギーそのものです。それを視ながら、自分の体が透き通ったクリスタルになっているのをイメージしてください。そして、黄金の粒子を呼吸と共に自分の中に取り込み、クリスタルの体が、頭のてっぺんから手先、足先まで、黄金の粒子で満ちていくのを感じましょう。そしたら、一つ深呼吸……。

⑪役目を終えたマスターたちの炎が、スーッと消えていくのを見守ってください。最後に、大天使ミカエルとセントジャーメインに感謝の気持ちを伝え、ゆっくり目を開けます。そのままぐーっと伸びをして、拳で軽く腕と足をトントンと叩き、肉体を意識することでグラウンディングしておきましょう。

あなたはこのワークで、自分を洗脳し、コントロールするエネルギーを解放しました。

これによって、自分にとっての真実を信頼し、内側から溢れる知恵や叡智に耳を傾けることができるようになるでしょう。

アセンションしていくというのは、結局、自分をいかに信頼できるか、ということに尽きるのです。もちろん、今はコミュニティの時代ですから、同じ方向性を持った仲間たちと共振しながら上がっていくのは自然なことですが、その中にあっても、軸はあくまで「自分」であることを忘れないでください。

「私はこう感じる」「私はこうしていく」と、自分に軸を置いていれば、他の人もまた自分と同じように内なる知恵や叡智に従っているだけなのだと理解できるようになります。それによって、互いを尊重し合い「真の調和」を実現していけるのです。

ミスリードによって、もっとも深く刻み込まれているのは、「戦い」と「正義」

です。「私は正しくて、あの人は間違っている、だから正義のために戦おう」というエネルギーは、最後の最後まで残るだろうと大天使ミカエルは伝えてきています。

それを超えていくためには、明らかに間違っているとジャッジしたくなる人がいたとしても、まずは、「この人はこの人の道を行く」「私は私の道を行く」と捉え、ひと呼吸置いてみてください。つまり、戦うのではなく、それぞれの主義主張を尊重してみようという意思のあらわれです。それだけでも「調和ってこういうことなんだ」と感じられると思います。そして、驚くほど軽やかになり、生きるのが楽になるでしょう。

皆さんは、そうした意識状態へと現在進行形で着々と進んでいる最中です。

今は、新しい方向性へ導こうとする存在たちと、そちらには行かせまいとする存在たちが、せめぎ合っていますが、古い支配体制はどんどん力をなくしていっています。

その親玉はすでにいなくなり、残党のような存在が暗躍している状態なので、あとは、自然に崩壊していくことになります。ですから、それらの存在たちに意識を向けるのではなく、自分が望む人生を想像することにチャンネルを合わせ、行動してください。なぜなら、あなたはそれをするために生まれてきたのですから。

戦いのエネルギーを変容させ「真の調和」へ

次は、「新しい地球のエッセンスを魂のブループリントに共鳴させ、よりパワフルに新たな地球とコネクトしていく」ワークをご紹介します。

「エッセンス」とは、簡単に言うと「本質」です。たとえば古い地球の本質は「戦い」でした。戦いは、分離から生み出されるもので、それが極まった時に戦争が起こります。

一方、新しい地球の本質は、真の調和であり、このエッセンスを、自分の魂に共鳴させると「真の調和」の周波数にチャンネルが合うようになります。

すると、自分のミッションがさらに明確になり、あなたの意識が、新しい地球にロックオンされるんですね。

次のワークでは、その「エッセンスの共鳴」を、二人のマスターのサポートのもと、誘導していきたいと思います。

新しい地球のエッセンスを共鳴させるワーク（セントジャーメインと大天使ミカエル）

①両手を組んで座り、目を閉じ、軽くあごを引き、背筋を自然に伸ばします。プラチナシルバーのフィールドと宇宙空間をイメージし、目の前に立っているセントジャーメインと大天使ミカエルを視てください。あなたの魂の中にある、古い地球の「本質」である戦いのエネルギーを大天使ミカエルに取り除いてもらいましょう。まず、みぞおちに意識を向け、その中心にとても明るい光の点があるのを視てください。呼吸と共に、その光がどんどん拡大し、あなたの体が、すっぽり包み込まれるのをイメージします。

②光の球体は、両腕を横に伸ばしたぐらいの大きさまで拡大しますが、これが

あなたの魂、もしくは意識だと思ってください。そして、大天使ミカエルに「私の中の戦いと正義のエネルギーを取り除いてください」と依頼しましょう。ミカエルが、光の球体の中にすっと片手を入れてきます。あなたの意識の内には、古い地球の本質のエネルギーが散らばっており、ミカエルが球体の中でいろいろな方向に手を動かすと、それらが磁石のように手にいっぱい吸いついていきます。ぐるぐると巻きつき、大きくなり、彼の手に戦いと正義のエネルギーが、びっしりこびりついていくのを視てください。古い地球のエネルギーが吸収されるごとに、球体の透明度がどんどん増していきます。つまり、あなたの魂が輝きを取り戻しているのです。ミカエルがすっと手を抜いたら、魂から古い本質のエネルギーをすべて取り除いた合図です。そしたら一つ深呼吸……。

③ミカエルの手にこびりついている、戦い、正義のエネルギーを視てください。ゴツゴツと石の塊のように、ガッチリ固まって彼の手を覆っています。ミカエ

ルの反対の手にはロイヤルブルーの炎があり、その炎をエネルギーの塊にかざします。すると、固まっていたエネルギーは、みるみるうちに溶けて、燃やし尽くされ、きれいな黄金の光の粒子に変わります。その粒子を呼吸と共に吸い込みましょう。頭の先から足の先まで、黄金の光で完全に満たされたら、深呼吸……。

④次に、大天使ミカエルに代わって、セントジャーメインが、あなたのそばにやって来ます。彼に「セントジャーメイン、新しい地球の本質である『真の調和』の周波数を、私の意識に共鳴させてください」と依頼しましょう。続いて、セントジャーメインが、バスケットボールよりも5~6倍くらい大きい球体を抱えているのを視てください。これは、あなたがこれから向かう新しい地球をあらわしていて、ブルーを基調に、透明感のあるゴールドの光を放っています。

⑤その新しい地球の中心に意識を向けます。どっくん、どっくんと心臓の鼓動

のように脈動しているのを感じましょう。これが、新しい地球の本質となる「真の調和」の脈動です。そこにもう一度、意識を向け、「自分の意識と、真の調和の周波数を共鳴させる」と意図してください。すると、新しい地球は脈打ちながら、あなたの方へ寄ってきて、あなたのみぞおちにすっと入ってきます。

⑥そこに両手を重ねて置き、自身の内側で「真の調和」の周波数が、息づいているのを感じてみましょう。その脈動するリズムに合わせて、光の波紋が幾重にも広がり、あなたを包み込んでいる魂の球体の縁まで広がっていきます。魂と新しい地球のエッセンスを共鳴させているのです。目の前に立つセントジャーメインを視ると、彼が抱えている地球の中心では、「真の調和」のエッセンスが、同じように活き活きと脈動しています。そのリズムと、あなたの中で息づく「真の調和」のリズムが同期化していくのを感じましょう。

⑦これで、あなたと新しい地球は、エネルギー的にしっかりつながりました。

この瞬間から、あなたと新しい地球は、互いに引き寄せ合っていくことになります。それを感じていると、球体として広がっていた、あなたの魂はどんどん小さくなり、みぞおちの中心にあらわれた、最初の光の点へと収縮していきます。そしたら一つ深呼吸……。大天使ミカエルとセントジャーメインに、してくれたことのすべてを「ありがとう」と感謝の気持ちを伝え、ゆっくりと目を開けます。ぐーっと伸びをして、腕と足を叩き、肉体を意識して、グラウンディングしておきます。

◇◇◇

皆さんが、これから体験しようとしている世界は、とんでもなくエキサイティングな世界であることは間違いありません。

それは、今までの世界の続きではありません。これまでつくり上げられてきたシステムは崩壊していきますから、次は、まったく新しいものができ上がっていくのです。

1章でも述べましたが、そうなると、まず働き方がガラリと変わるでしょう。AIがさらに発達し、今の仕事の大半がなくなっていきますし、そうした流れの中、多くの人が「生きていくために、これからどうしたらいいんだろう?」と不安になると思います。

でも、僕たちが新しい地球にシフトするためには、「働かなくては生きていけない」「お金がなくては生きていけない」という信念体系を手放す必要があります。

なぜ、それらを手放すことが大事なのかというと、僕たちは本来、食べなくても生きていけるというポテンシャルを持っていて、そうした資質を発揮したいなら、前述の信念体系は、妨げにしかならないからです。

人間のDNAには12の層があり、その中には「食べなくても生きていける鍵」=未開発のポテンシャルも眠っているのですが、波動を上げる中で、順次解放されていくことになります。

ただ、肉体が不食でもOKの状態になるためには、時間もプロセスも必要ですから、その過程で、たとえば栄養素を、エネルギーレベルで肉体に転写するといったようなテクノロジーももたらされることになるでしょう。

そうなると、これまで頑《かたく》なに持ち続けてきた「食べないと生きていけない」という信念から解放され、自由になります。そして、生きるために食べるのではなく「趣味で食べる」といった意味合いになり、食べる食べないは、それぞれの選択になっていきます。

これは、ものすごく大きな進化で、生きるために働かなくていいのなら、誰もが、自分の心に沿った願望や望み通りに生きることができるようになるでしょう。

重い周波数をごっそり外し、新旧のエネルギーを統合

次は、大天使ミカエルとセントジャーメインの最後のワークになります。彼らから、このワークは事前に説明をせず「そのまま誘導しなさい」というメッセージが来ていますので、やりながら説明していきたいと思います。

意識を拡大させるワーク（大天使ミカエルとセントジャーメイン）

①手のひらを上にして座り、軽く目を閉じ、軽くあごを引いて、背筋を自然に伸ばします。プラチナシルバーのフィールドと宇宙空間をイメージし、深い呼吸でリラックスしましょう。そして、目の前に大天使ミカエルとセントジャーメインが立っているのを想像します。ミカエルはロイヤルブルーに光り輝くオーラ、セントジャーメインはバイオレットのオーラに包まれているのを視てください。

②それでは、彼らと共同しながら意識を拡大していきましょう。意識は波動を上げることによって拡大することになりますが、波動が上がるにつれて、高い

波動域にそぐわない重たい波動が浮き彫りになり、バラバラと外れていきます。そして、ごっそり外れた波動は、二人のマスターのエネルギーを使って統合していきます。

まず大天使ミカエルを視てください。彼は、きれいなロイヤルブルーの羽を持っており、それはキラキラと輝いています。次にセントジャーメインを視ると、彼の両手には、たくさんの宝石が光輝いています。ルビー、サファイア、そしてダイヤモンド、色も黄色、赤、ブルー、ピンクなど、自由に想像してみてください。これが彼のエネルギーのシンボルです。

③彼らが、ブルーの羽と色とりどりの宝石をスーッと近づけて合わせると、きれいな光の球体に変化します。それは多彩な色でできたボーリングのボールぐらいの球体で、大天使ミカエルとセントジャーメインのエネルギーが統合されたものです。この光をあなたの意識に融合させると、波動が加速度的に上昇し、意識が拡大するのです。二人のマスターから光を受け取り、吸う息と共に自分

のみぞおちに設定しましょう。そのまま両手を重ねてみぞおちに置きながら、深呼吸します。

④みぞおちの光に意識を向け、そこで息づいているエネルギーを感じてください。二人のマスターの統合されたエネルギーから、新しいエネルギーが生まれ出ようとしています。

まず、風船を割るように、光の球体をツンと突いてください。そうすると、球体の周りを取り巻いている球体がパーンと割れ、中からダイヤモンドのようなキラキラとした光が溢れ出し、それが全方向に向けて広がっていくエネルギーを持つ光になります。それが、あなたの魂を大きく拡大させていくのをイメージします。光は上にも下にも左にも右にも斜めにも、あらゆる方向にどんどん広がり、あなたの部屋を超え、地球も超え、宇宙にまで広がっていきます。そのまま、広がれるところまで魂を拡大させていきましょう。

⑤エネルギーを拡大させていくと、あなたの魂から、石の塊や鉄の塊のようなものがバラバラと外れていきますので、それを視ていてください。これは高い波動に着いていけない、古くて重たい分離の周波数です。これらは、宇宙を通して源へ還《かえ》っていくので落ちるままに任せましょう。ゴロンゴロンと重荷が外れるたびに、あなたの魂は軽くなり、透明感を増し、光を放ち始めます。そのまま、さらに意識を拡大させていきましょう。

⑥拡大し切ったと感じるところが、このワークにおける到達ポイントです。心の目で、あなたの意識場をスキャンしてみてください。まだ、古いエネルギーの残りかすがあるので、これも全部外していきます。一度大きく息を吸って止め、息を吐きながら、残りかすが石や鉄の塊として、ボロボロと外れていくのを観察していましょう。そして息を吐き切ったら、広大な宇宙の領域まで拡大し続けた魂を元の大きさまで戻していきます。光がシューッと急速に収縮するように、宇宙から銀河、太陽系、地球、そして自分の魂の中心であるみぞおち

へと、魂が収まっていくのを感じてください。そうして、みぞおちが光り輝いているのがイメージできたら、一つ、大きな深呼吸……。

⑦では、自分が透明なクリスタルの体になって、磁場に立っているのをイメージします。先ほど外れていった分離の周波数は、源で統合されて、ニュートラルな光に変わります。それが、あなたにシャワーのように降り注いできます。その光は、色とりどりのレインボーカラーや純白、ホワイトゴールドなど、あなたの好きな色でイメージしてかまいませんので、それが、頭から流れ込み、体とオーラの隅々に広がっていくのを感じてください。

⑧そうして光が全部戻ってきたら、最後に一つ深呼吸します。そして、目の前にいる大天使ミカエルとセントジャーメインに、してくれたことのすべてを感謝し、新しいあなたで、ゆっくりと目を開けてください。ぐーっと伸びをしたら、拳で軽く腕と足を叩き、体を意識すること、グラウンディングしておきましょう。

第4章

仮面を外し、ありのままの自分へ

本質の自分は美しい光そのもの

この章のテーマである木花之佐久夜毘売《このはなさくやびめ》は、富士山の守護神と呼ばれている女神です。

お姉様に当たるのが石長比売《いわながひめ》で、僕がコンタクトを取った時、お二人の女神は、どちらもとても美しい姿をされていました。

神話では、石長比売は非常に「醜い」とされていて、木花之佐久夜毘売と共に、邇邇芸命《ににぎのみこと》のもとに嫁いだのですが、その醜さゆえに送り返されてしまったという話になっています。

でも、この「醜い」というのは、本当は「見、難い」という意味なのです。石長比売のエネルギーは非常にクリアで、ピカピカの鏡のような役割を果たしているため、彼女と向き合うと、ありのままの自分、醜い部分まで露《あら》わになってしまう。それが醜悪の「醜」＝醜いと混同され、伝えられてしまったのでしょう。誰も、自分の醜い部分は認めたくありませんから……。

石長比売の光は、それほどパワフルなのですが、僕たちが抱えている闇を一気に照らし出し、手放していくサポートになります。

そうして、自分の本質へと立ち返ることを強力にバックアップしてくれるのが木花之佐久夜毘売です。姉妹と言われている二人の女神は、本質の光を輝かせる役割を担っており、新しい地球にシフトするためには、本来の自分を生きることが、何より大切になってきます。

これまでは、相手や状況によって、仮面をつけ替えながら渡り歩く生き方が主流の時代でした。そして、それは古い地球のあり方そのものです。「本当の自分を見せるのが怖い」からといって、本音や素直な自分の気持ちを隠し続けていると、どんどん苦しくなり、どこかで必ず行き詰まってしまいます。

その時、サポートをしてくれるのが木花之佐久夜毘売です。彼女と共同すると、仮面や鎧が次々と外れ、自由になっていくのを感じられるでしょう。

そもそも、ありのままの自分、すなわち「本質」というのは、美しい光そのものであり、隠したり、怖がったりする必要はまったくありません。むしろ「本当の自分はこんなに美しいのか！」と驚きや感動を覚えるほどです。

そのことが本当の意味で理解できれば、取り繕う必要などなくなりますから、余計な気を使わなくなりますし、無断に神経を擦り減らすようなこともなくなります。「自分と一致していくと疲れませんよ」という理由は、そこにあるのです。

逆に、人や事柄によって、いちいち態度を変えていたら、その場ではいいかもしれませんが、一人になった時、どっと疲れてしまうでしょう。それは、ありのままではない自分を無理に演じ続けているため。シンプルに言うと、嘘をついているためです。

もちろん、故意で誰かをだましているわけではありませんが、本当の自分を隠すあり方は、自分自身を含め、すべての人を偽っていることになるわけです。

たとえば、誰かに好かれたとしても、相手に見せているのが「偽りの自分」だったら、好かれているのは本当の自分ではありません。それを、誰よりもいちばんわかっているのは、自分自身ですから、どんどん虚しくなっていくでしょう。

そして「本当の自分に向き合って」と心が助けを求め始めますが、その声を無視し続けていると、心身は病み、人生がうまく回らなくなるのです。言い方を変えると、自分と向き合わざるを得ない状況に追い込まれ、「本音と建前の使い分け」なんて悠長なことを言っている場合ではなくなっていきます。

今、多くの人が「追い込まれるような状況」に大なり小なり直面していますが、それは新しい地球に一致していくために、自分を極め、本質に戻っていくことが必要不可欠な流れに入っているからです。宇宙規模の「大変容のプロセス」が、待ったなしで現在進行形なのです。

「良い人」になろうとするのをやめる

「自分を極めていく」というのは、ペルソナを器用につけ替えていくことではありません。「ありのままの自分」をどこまでも掘り下げ、本質の自分と深くつながっていくということです。

それは「本質の光」とつながり、誰の前でも、どんなシチュエーションでも自分に正直に存在するということを意味していて、それこそが「自分を生きる」ということなのです。

僕も昔は、良い子を演じていた時期がありました。親や学校の先生、友だちが僕に何を求め、どうしてほしいのか、手に取るようにわかってしまうので、そこに合わせてしまう自分がいたのです。合わせている自分というのは、相手の要求にぴったりマッチングするよう振る舞っていますから、たくさんの人に気に入られ、周りに溶けこんでいました。

でも、ある時、限界を迎えることになります。いくら皆に好かれても、自分を偽ったままでは、相手にとって都合のいい関係性しか築けません。何より、本当の自分が受け入れられているわけではないことが虚しく、我慢ができなくなったのです。その結果、「もう嫌だ……こんな生き方はやめよう」と方向転換し始めたのです。

本当の自分を生き始めると、本当の意味で合う人、合わない人が明確になってきます。たとえば、これまでは好きな人に受け入れてもらうため、おとなしい自分を演じてきた人が「本当は私、もっと自由に自分を表現したい」と思って弾《はじ》けたとします。すると、相手は「そんな人だとは思わなかった」と、あなたに失望して去っていくかもしれません。でも、あなたは、その人を追う必要などありません。

相手に合わせて自分を演じるのではなく、ありのままの自分を表現し、存在する。その時、初めて「そういうあなたが好き」と、本当の自分を受け入れてくれる人があらわれることになるのです。

逆に、自分を隠し続けていたら、少なくとも、本当のあなたを好きだと言ってくれる人は、金輪際あらわれることはないでしょう……。だって、そもそも本当の自分で存在していないのですから。

本当の自分を表現するためには、まずあなたが、その自分とつながる必要があります。それなのに、自分の本当の姿やあり方を隠してしまったら、ますます分離が深まるだけでしょう。

さて、「本質の自分」というのは、さまざまな才能を宿していますので、その自分とつながることで、新たな可能性がどんどん開花することになります。でも、仮面をかぶったままだと、つながりが遮断され、その可能性にすら気づくことができません。

Aさんには A さんの光、Bさんには B さんの光、Cさんには C さんの光があるように、あなたにはあなただけの光があります。

それが、いわゆる「魅力」になるのですが、そこに関わってくるのが、各自の輪《りん》廻《ね》転生《てんせい》の歴史と言えるでしょう。どんな経験をしてきたか、何に気づき、何を学んできたか、ということが、その人のカラーになり、それが表にあらわれた時、本来の魅力、「あなただけの光」が燦然《さんぜん》と輝き出すのです。

もちろん、「あなたの光が嫌いです」という人もいるでしょう。でも、すべての人に好かれる必要なんてないですし、そんなことは、そもそも不可能です。あなただって、世界中のすべての人が好きなんてことはないですよね？　誰でも好き嫌いがあって当然なのに、実に多くの人が、嫌われることを怖れ、SNSでもバッシングや批判を極端に怖がって、本当の自分を表現することを躊躇《ちゅうちょ》しています。

それを気にしながら行動することに何の意味があるのでしょう？

あなたは、本当のあなたを好きといってくれる人と向き合い、大切にしていけばいいのです。すると、相手もさらにあなたを大切にするという、好循環が生まれ、関係性はますます発展していくことになります。

これが「自分を極める」「人間関係を極める」ということで、新しい地球のコミュニケーションの基本ですから、今、この瞬間から、皆に好かれようとするのをやめましょう。「良い人」になろうとするのをやめるのです。

そして、ありのままの自分を生きることで、本来の魅力を表現して生きる、という本質に立ち返ることが求められているのです。

本当の「豊かさ」に気づく

木花之佐久夜毘売と共同するほどに、どんどん素の自分になり、魅力や眠っていた可能性が引き出され、本質の光が輝き始めます。すると、自分がどれだけ豊かな存在なのかを実感し、満たされるようになるでしょう。

また、木花之佐久夜毘売は再スタートを切りたい時、これまでの自分をリセットしたい時にも、強力にあと押ししてくれます。さらに、始めたことを実らせる、つまり結果を生み出すサポートも与えてくれる、非常にパワフルな女神なのです。

そんな木花之佐久夜毘売のワークでは、石長比売の力も借りて、まず、散々使い古した仮面を手放していきます。

僕たちは、いくつもの仮面を、無意識のうちに早替りさせ使い分けています。

この仮面は眠りの時代にせっせとつくり上げたもので、家族や友人、親戚、会社の同僚、近所の人……と、関わった人すべてに合わせ、仮面をつけ替えてきました。考えてみると、ものすごい労力なのですが「眠り」とはそういうもので、何世紀にもわたって刻み込まれた習慣なので、皆さんは、びっくりするぐらい大量の仮面、そして自分を防御する鎧を抱えこんできたのです。

ありのままの自分に戻るためには、すべての仮面を浮き彫りにしていく必要がありますので、それらをごっそり手放すワークを行っていきましょう。

仮面を外し、可能性を開花させるワーク（木花之佐久夜毘売と石長比売）

①手のひらを上にして座り、軽く目を閉じ、軽くあごを引き、背筋を自然に伸ばします。意識はみぞおちの中心に置き、深呼吸しながら、どこまでも広がるプラチナシルバーの地場と、あなたを取り巻く宇宙空間をイメージしてください。宇宙空間には無数の星や惑星が視えますが、それは、あなたの無限の情報と可能性をあらわしています。本当の自分につながっていくと、この宇宙意識を使って人生を生きることができるようになります。

この磁場に、木花之佐久夜毘売と石長比売を呼びます。心の中で「木花之佐久夜毘売、石長比売、どうぞ私のもとへ来てください」と呼びかけましょう。美しく光り輝く二柱の女神が、あなたの前に降り立ちます。

木花之佐久夜毘売

石長比売

②彼女たちと共同して、あなたが持ち合わせているたくさんの、仮面や鎧のエネルギーを浮き彫りにしていきます。まず、石長比売があなたの前に、全身が映る、ピカピカな姿見を置いてくれますので、その鏡をのぞき込んでください。自分の姿をじっと見ながら「自分の意識に内包する、仮面や鎧をすべて浮き彫りにする」と意図しましょう。

③すると、あなたの顔の上に、ものすごい数の仮面が重なり合い、前方に何メートルも伸びていく様が映し出されます。さらに、体を見ると、鎧を何十、何百と着込んで、雪だるまのように膨れ上がり、身動きが取れない様子も映し出されています。仮面と鎧は、その時代ごとに身につけていたもので、男性、女性、大人、子どもと、あらゆる姿を映し出し、それぞれのエネルギーも違いますが、非常に重く、ヨタヨタしてしまうほどです。

④すべて浮き彫りになると、鏡は消え、あなたは今浮き彫りになった、仮面と鎧のエネルギーにガシッと覆われた状態で立っているのに気づきます。これを外すため、今度は、木花之佐久夜毘売があなたの前に立つのを視てください。その手には、大きなモミジのような形をした、キラキラとしたピンク色に輝く団扇《うちわ》を持っています。この団扇をゆっくり扇《あお》ぎ、あなたに向けて風を起こします。すると、団扇から桜吹雪《ふぶき》がブワーッと溢れ出て、あなたのすべてを包み込みます。仮面も鎧も含めて、桜吹雪がトルネードのように全身を取り巻いているのを視てください。

仮面や鎧はあなたにとって、今までは大事なものでした。これがないと彼と関われない、親と向き合えない、友だちと対等な関係でいられないと思い込んでいたため、それらに執着し、自分と一体化させてきたのです。なので手放そう、手放そうと思っても、なかなか外すことができませんでした。でも、桜吹雪の浄化のエネルギーによって、どんどん執着が溶けていきます。そのことを感じながら、深い呼吸を意識しましょう。

⑤そのまま、みぞおちに意識を向け、「私は何世紀もの間、使い続けてきたこの仮面と鎧を、今この瞬間、完全に手放します」と意図してください。すると、あなたの体と、仮面と鎧の間に少しずつ隙間ができ始めます。あなたが「手放す」と意図したことで、執着という接着剤が剥がれ始め、ゆるんできているのです。今がチャンスなので、まず、何メートルも重なった、仮面の根元を両手でガシッとつかみ、そのままパカッと外して磁場の上に置いてください。そしたら深呼吸。息がしやすくなり、涼やかさを感じるでしょう。次に、何十、何百に着膨れした鎧を脱いでいきます。シンプルに、下からカパンと上に向かって外し脱ぐように一気に取り払います。体と鎧の間には隙間ができているので、分厚い鎧は簡単に外れ、ドサッと磁場に落ちます。体が軽くなったのを感じたら、一度、大きく深呼吸……。

⑥次に、木花之佐久夜毘売が、その手を天に向かって掲げると、目の前の磁場

から、にょきにょきと木が生えてきます。花も実もなっていませんが、ピカピカしたゴールドが混ざった美しい枝ぶりの、とても大きな大木です。木花之佐久夜毘売が「その根本にあなたが外した仮面と鎧を埋めなさい」と伝えてきているので、全部埋めてしまいましょう。あなたが「埋める」と意図すると、スーッと木の根本に吸い込まれていきます。

⑦あなたと木花之佐久夜毘売、石長比売の三人で大木を取り囲みます。両手で幹に触れながら、「私はありのままの自分で存在する」「本当の自分で生きる」と、明確に意図してください。すると、木の根元が光り輝き始めます。根本に埋めた、あなたの仮面と鎧がホワイトゴールドの光に包まれながら浄化され、光の粒子に変化しているのです。光の粒子が根元から、スーッと幹を通って、枝まで行き渡っていくのを見守っていてください。光が枝の先まで満ちると、新緑の葉がパッと芽吹き、みるみるうちに茂っていきます。さらに、たわわな果実も実っています。それはリンゴだったり、レモンだったり、宝石のよ

うに視えるかもしれません。あなたの中のあらゆる「豊かさ」が、「果実」となって具現化されていくのを視ていましょう。

⑧実ったものはどれも、あなたの才能、資質、魅力、そして可能性そのものです。これを刈り取っていきます。木花之佐久夜毘売と石長比売が、あなたにこの木とひとつになるよう促していますので、木と一体になるのを意図してください。途端にあなたは、スーッと木に吸い込まれ、木そのものになります。今、自分は豊かな木そのものだと思ってください。そして「自分のあらゆる豊かさを収穫する」と意図し、イメージの中で、もしくは実際に大きくジャンプしましょう。すると、フルーツや宝石がバラバラと磁場に落ち、ゴロゴロと一面に転がっています。

⑨それを、木花之佐久夜毘売と石長比売が全部、拾い集めてくれます。あなたは木からスッと抜け出し、二柱の女神が拾い集めた、あなたの豊かさのシンボ

ルを受け取ってください。両手で抱え切れないほどすごい量ですが、それぐらいあなたの才能、資質、魅力、そして可能性は豊かなのです。これを、あなたの魂に全部吸収しましょう。みぞおちに両手を重ね、シンボルをすべて、魂の中心である「みぞおち」に収めていきます。深呼吸しながら、そこで息づく豊かさのエネルギーを感じてください。喜びやワクワク、楽しさや幸福感など、ポジティブな波動が溢れ出しているでしょう。

⑩そうしていると、みぞおちに納めたシンボルは、その輪郭を薄くしながらシャボン玉のように弾け、中から色とりどりの光の粒子が溢れ出します。それを呼吸と共に体中に導き、まずは脳細胞、次に頭、首、両肩、両腕、両手の先、両足、そして、両足の先まで、たっぷりと光が満ちていくのを感じましょう。あなたの体に収まり切らなかった粒子は、体の外に広がり出て、あなたのオーラの隅々までパンパンに満たしてくれます。体もオーラも虹色の光の粒子で輝いているのを見届けたら、木花之佐久夜毘売と石長比売に感謝の気持ちを

伝えましょう。そして、豊かさを感じながら、ゆっくりと目を開けてください。グーッと背伸びをして、腕と足を拳で軽く叩き、肉体を意識することでグラウンディングしておきましょう。

このワークを繰り返し行うと、エネルギーが大きく変化し、いつもの日常に「違和感」を感じ始めます。

僕たちは、これまで無意識に仮面をつけ替え、ナチュラルに鎧をまとい、当たり前のように自分を取り繕って生きてきました。何世紀も、そうやって生きてきたわけですから、その習慣はなかなか抜けないでしょう。

でも、エネルギーが変わると、以前は感じなかった「いつものあり方」に居心地の悪さや、違和感を覚え、人前で取り繕っている自分に対して、白々しさを感じるようになるのです。

これは、本当の自分からのサインです。「古い習慣が出ていますよ」というメッセージですから、気づくたびに、習慣ごと手放していくと良いでしょう。

違和感を捉えた瞬間は難しいかもしれませんが、家に帰った時や夜寝る前に、手放すようにしてください。イメージの中で１００の位置に立ち、大きなダイヤモンド製のオクタヒドロンを用意し、その中に「取り繕った自分」のシンボルを入れます。仮面や鎧でガチッと固まり、鉄の塊になっている自分が、体の周りの大きな銅像のようにガチッと固まっているのを視たら、それを両手でしっかりはさんで、硬さと重量感を感じたら、スコンと前に押し出しながら、ダイヤモンドの中に入れ、そのままスパイラルに入れて、手を放しましょう。

こうして捉えるたびに、古い習慣ごと手放していくと、その周波数がごっそり外れ、取り繕うことがなくなっていくわけです。

すると、誰の前でも、どこにいても、リラックスし、ありのままの自分で存在できるようになるので疲れることがありません。「嫌われたらどうしよう」とか「こんなふうに思われたんじゃないか」と不安になることもなくなるでしょう。

つまり、表面的なことに、必要以上に意識が向かなくなるので、ますます自分に集中し、本質に深くつながっていく好循環のループに入っていけるのです。

でも、先ほどもお話したように古い習慣は強固ですから、「自分を取り繕うあり方を終わりにする」と明確に決めつつも、習慣が出てきても否定しないようにしてください。否定をすればするほど、それを意識することで、より強めてしまうことになるからです。ただ、手放していきましょう。

第5章

言霊を遣い具現化のマスターになる

誰もが「言霊遣い」になれる

天児屋命《あめのこやねのみこと》という神様をご存知でしょうか？

おそらく、よくわからないという人も多いかと思いますが、天児屋命は天照大御神《あまてらすおおみかみ》が天の岩戸にお隠れになってしまった時、布刀玉命《ふとたまのみこと》と一緒に彼女を引き出す日取りを占ったとされている神です。なおかつ、祝詞を献上してもいて、「言霊の神」とも言われています。

日本人にとって「言霊」は比較的、なじみのある言葉ですが、では、言霊というものをちゃんと理解して、使っているかというと、また話が違ってくるのではないでしょうか。

言霊とは、簡単に言うと、言葉に魂、もしくは霊が宿ったものです。ですから、とてもパワフルで、どのような言霊を遣うかによって、自分自身への影響も人生もまったく変わることになります。言霊を大切にし、本当の意味で上手に遣いこなせるようになると、あなたの人生に望むものだけを生み出すこともできるようになるのです。

この章では、そんな言霊にフォーカスし、望みを具現化する方法について、お伝えしていきたいと思います。

具現化の方法を知る上で、まず、理解しておいていただきたいのは、僕たちが、この地球でマスターする必要のある学びの一つが「具現化」である、ということです。

この物理次元というのは、あらゆるものが「形」になるおもしろい世界で、言葉によって、その「形」を生み出すこともできます。これが具現化のプロセスです。でも、発する言葉だけを良くしても、思い通りに具現化することはできません。言葉のベースになっている、意識、感情、思考の3つが統御、調和されることが重要で、それを理解し、整えた上で言霊を遣っていく。そうすればあなたの発する言葉にはパワーが宿り、他人を癒し、引き上げることもできれば、逆に深く傷つけることにもなるのです。

それほどの力が言葉には宿っており、さらに、言霊の神である天児屋命のエネルギーによって意識、感情、思考を調和させ、喉に特殊な「仕掛け」をすると、あなたの発する言葉は、今まで以上にパワフルになります。

ただ、パワフルになるということは、先ほどもお伝えしたように、諸刃の剣を持つことになりますから、自分が何を思い、何を考え、どういう感情でいるかを常に意識していないと、望まないことまで具現化してしまいかねません。つまり、内面を整えながら、言霊を学ぶことが大事になってくるのです。

今は、宇宙レベルで大転換期に入っているため、個人レベルでも、想像を超えた試練に直面しやすくなります。そのせいで、イライラしたり愚痴りたくなったり、どうしてもネガティブになりがちな人も多いでしょう。でも、そうした試練によって成長を遂げ、次のステージに進めるからこそ、ハイヤーセルフがお尻を叩いているのです。

ですから、何があってもめげないでください。自分に集中していれば、次の扉はおのずと開き、扉の向こうへ踏み出した時、あなたのエネルギーは前よりも大きくなっています。

ただ、その時、パワフルなエネルギーを扱えるだけの大きさを、自身が身につけておく必要があります。

ステージが上がっているのに、いつもと同じように目の前のことに振り回され、愚痴ったり、嘆いたり、あーだこーだと語っていたりすると、せっかく開いた扉が閉まってしまいます。その結果、現実を超えられない現実が結晶化して、身動きが取れなくなってしまうでしょう。

そうならないよう、もし、つらいことが起こったら「ステージが変わる準備が始まった」と気持ちを切り替え、喜んでください。これは慰めでも何でもなく、意識と言動を少し変えるだけで、人生の流れも変化し、想像を超えた現実にすぐにシフトすることになるのです。

これは、「インスタントカルマ」の時代を迎えているためで、これまでは、何らかのカルマをつくり出した場合、そのカルマを解消するのに、時には一つの人生をかけることもありました。

でも、今は極端に言うと、午前中にやったことが午後には返ってきます。それを

「インスタントカルマ」と言ったりしますが、それほど時代の流れが速くなっているんですね。

また、善と悪、光と闇といった二極化もクローズアップされています。そこに巻き込まれると「あっちは闇だ」「光はこっちか？」「いや、わからない」と、ゴールの見えない迷路を延々とさまようことになるのですが、その混乱は、今やスピリチュアルの世界にも起きています。

スピリチュアルというのは本来「本質」をあらわす言葉ですが、歪んだ解釈やネガティブなイメージがこびりつき、オカルトのように捉えられています。オカルトとは「隠された」という意味を持ちますから、そういうイメージがつけばつくほど、本質が見えなくなり、歪曲《わい》され、それに基づいた解釈を通して、誤った真実が広がってしまうのです。

しかも、中にはスピリチュアルを宗教のように捉えている人もいて、そうなると、その人も含め、周りの認識も、ますます本来のスピリチュアルから離れていってしまいます。

たとえば、あなたが、自分の魂が喜ぶと思って「こっちの道に行こう」と言葉にした時、誰かに「それってスピリチュアルっぽいね」と言われたとします。あなたは、直感で一歩踏み出そうとしただけなのに、相手の言葉によって「これってスピリチュアルなの？」と、不安になり躊躇してしまうかもしれません。

これも一種の言霊です。「それってスピリチュアルっぽいね」という言葉は、あなたにとって呪いの言葉になってしまうわけです。

だから僕は、いっそ「スピリチュアル」という真実ではないイメージがこびりついてしまったものを壊した方が良いのではないかと思っています。

もし、あなたがスピリチュアルを学び、実践することによって生き方が変わったのであれば、そのあり方を周りの人が見て「自分もこんなふうに自由に軽やかに生きてみたい」と感じるかもしれません。そして、あなたがどんなことをしているのか、知りたがるかもしれません。その時、あなたが、あなたの言葉で、自分の知っていることを伝えれば、誤解されてきた「スピリチュアル」の枠を超え、本質をズバッと示してあげられます。つまり、皆のギフトになることができるのです。

そこで周りの目や態度が変わったとしても、あなたは変わることなく、引き続き自分にとっての真実を表現してください。そうやってあなたが、いつも自分の軸に一致していれば、その軸はちゃんとあなたにとっての正しい道を教えてくれるでしょう。

その過程で「ん？」と、違和感を覚えることを誰かに言われたり、聞いたとしても、否定する必要はありません。それはそれで、ちょっと脇に置いておいてください。時間が経てば、それを落とし込めるかもしれませんし、そうでないかもしれません。でも、それができるようになれば、どんな言葉をかけられても、振り回されず、自分らしく軽やかに過ごすことができます。

そして、どんな世の中になろうと、あなたは言霊のエネルギーを遣って、自分の魂の望みや願いをどんどん結晶化していく。そうやって、自分バージョンの天国を創ることが、具現化のマスターとしての道なのです。

否定形のワードを使わない

あなたが発する言葉に、想いやスピリットをのせることで、初めて言霊としての機能を発揮することになります。たとえば何の想いもなく言った「ありがとう」と、想いを込めた「ありがとう」では、伝わり方がまったく違いますよね？　それが「言霊」の力なのです。

実は、あなたは、この地球に生まれて来る前、宇宙にいた時にすでに言霊の力についていて学んできています。この星に来たテーマの一つは具現化のマスターになることですが、「言霊を遣って具現化するためには、こうするんだよ」と宇宙でちゃんとレクチャーを受けているのです。

しかも、その方法はとてもシンプル。「あなたが望むことのみを話す」という一点だけなのに、すっかり忘れてしまっているんですね。

そのせいで、皆さん、日々、自分が望まないことばかり話してしまうわけです。気づけば愚痴や不満、悪口ばかり口にしていませんか？　また、そういったマイナスな言葉を発する時、とても感情的になっていませんか？

そんな時、あなたは、具現化するための、言霊のパワーをネガティブな方に使っています。つまり、自分が望まない現実を、自分の言葉によってせっせとつくり上げているわけです。恐ろしいと思いませんか？

でも、望むことだけを口にするというのは、自分が使う言葉に、相当意識を払っていないとできません。人間は1日に何十億回というネガティブな思考を繰り返しているというデータもあり、その思考を口にせず、考えるだけでも負のエネルギーは放たれます。ネガティブなことを思うだけで、具現化し始めるわけです。

ということは、逆に、思うことや考えることをポジティブにできれば、それだけで、人生を変えられるということ。そのためには、何度も言うように、内面に集中することが重要になってくるのです。

以前、祈りの方法として、宇宙に否定形を聴かないというお話をしたと思います。たとえば神社で「病気になりませんように」とお祈りしても、宇宙は「なりませんように」という否定形を理解できませんから、「病気」だけに反応してしまいます。結果、あなたは「病気になりますように」とお願いしていることになってしまうのです。

さらに、あなた自身も、「病気」と言っている時点で、病気のことをイメージしていますから、具現化に向かっていくのは自然なことですね。

なので、「病気になりませんように」ではなく「私は健康です」、「事故に遭いませんように」ではなく「私は常に安全です」、「失敗しませんように」ではなく「私は成功します」と、願いはすべてポジティブな言葉に変換しましょう。

皆さんは、誰かを見送る時、「気をつけてね」と声をかけませんか？　これも、「いや、〝Be careful〟だからいいんじゃないの？」と思うかもしれませんが、あなたが「気をつけてね」と言葉を発した時、何を思っているのか、考えてみてください。「事故に気をつけて」「忘れ物に気をつけて」「盗難に気をつけて」と、無意識に、ネガティブなできごとを思っていませんか？

そうすると、そのイメージが具現化する方向に向かいますよね？　なので、「楽しんできてね」とか「笑って過ごしてね」とか、あなたがその人に体験してほしいと願うこと、もしくは、その人がこんなふうになったら、自分も幸せだなって思うことを言葉にして見送ってあげましょう。その瞬間、あなたはすごくポジティブに言霊を使っていることになるのです。

ただ、ここまで言葉と思考を統御するには、やはり練習が必要です。そのために、まず自分の使う言葉と思考を意識的に観察する習慣を身につけてください。「私は今、本当に望むことを考えているか？　口にしているか？」と、意識的に捉えてみるのです。

また、言霊を、よりポジティブなエネルギーにシフトさせるには、喉のエネルギーを変換するワークも役に立ちます。これをすると、あなたの言霊がパワフルになり、言葉にしたことが現実として結晶化しやすくなります。「有言実行」という言葉がありますが、まさに「言った通りのことが起きる」ようになるのです。

あなたの話す言葉を意識的に、思うままに扱えるようになれば、その瞬間から、今の人生を新たなレベルでクリエイトしていくことができるでしょう。

喉のエネルギーを変換し、波動を上げていく

この章の最初のワークでは、冒頭でお話した天児屋命の力を借りて、ベーシックとなる喉のエネルギーを変化させていきます。

僕たちは日々、当たり前のように話していますが、ネガティブな言葉を発するたび、喉のエネルギーは低下し、荒くなっています。荒くなるということは重くなるということですが、そうなると、たまにポジティブな言葉を発しても、相殺され、いつまで経ってもプラスにはなりません。

もっと言うと、人間は、この人生だけでなく前世や過去世を繰り返す中で、苦しくつらい人生を体験していることも多く、その経験を通して呪いの言葉をたくさん吐いてきました。

中でも、もっとも強く呪いとして作用するのは「どうせ」「だって」「私なんて」「俺なんか」といった、自分を否定する言葉です。こうした言葉を、意識せずに普通に使っていますが、宇宙は「うっかり放ってしまったネガティブワード」も聴き

漏らしません。「意識して言ったんじゃないんだから、ノーカウントね」とはならず、あなたが放った言葉を、宇宙は耳を大きくして聴いています。

だからこそ、しっかり意識的に言葉を選んで使うようになれば、「この人はそういうことを望んでいるのね。了解」と聴き入れます。

宇宙は、個々の望みに対してジャッジはしませんから、あなたが病気や事故をイメージしても「そんなことを思うのはもったいないよ」、等と注意喚起はしてくれません。苦しい方向に進もうと、調和に満ちた幸せな人生を望もうと、オールＯＫなのです。つまり、宇宙は、とんでもない残酷さと無限の寛大さを兼ね備えているわけです。

だからこそ、発する側が、気をつけることがとても重要。宇宙は公明正大で、ある人には秘密を教えて、ある人には教えないという差別はしません。あなたは生まれる前から、必要なすべてを与えられていますから、神や宇宙に「見捨てられた」と感じているとしたら、それは自分の問題であり、神や宇宙のせいではありません。それを理解した上で、言葉を意識的に使うワークを行っていきましょう。

喉のエネルギーを変換するワーク（天児屋命）

①手のひらを上にして、太ももの上に置き、軽く目を閉じ、軽くあごを引き、背筋は自然に伸ばします。肩をぐーっと上げてストンと下ろし、肩とひじの力を抜いてください。足元にはプラチナシルバーのフィールド、周りは宇宙空間になっているのをイメージしましょう。では、この磁場の上に、天児屋命を呼びます。どんな姿でイメージしてもかまいません。よくわからなければ、ただの光の存在としてイメージしてもＯＫです。どのように想像するかは重要ではなく、「天児屋命である」と理解していることが重要なのです。「天児屋命、どうぞ私のもとへ来てください」……そうシンプルに呼びかけるだけで、天児屋命は、あなたのもとを訪れてくれます。

天児屋命

②喉に意識を向けて、そこにソフトボールぐらいの大きさの黒い球体があるのを想像してください。これがあなたの喉のエネルギー、声帯のエネルギーをあらわしています。長年、自分や他人を責め、望まない言葉を口にしてきた、あなたの喉と声帯は、ネガティブな思考や感情、言葉によって汚染され真っ黒になっています。そのまま喉に意識を向けながら、「私は言霊遣いになる。具現化のマスターになる」と明確に宣言してください。

③次に、天児屋命を視てください。その手に、やはりソフトボールぐらいの大きさの、ホワイトゴールドのピュアな光を放った輝かしい球体を持っています。これはポジティブな言霊のエネルギーのみで構成された球体です。天児屋命があなたの喉にすっと手を向け、磁力で引き出すように、あなたの汚染された喉、声帯のエネルギーを、スーッと取り出します。そして、空いたスペースに、ホワイトゴールドのピュアな言霊の球体を入れてくれるのを視てください。

④息を吸いながら、そのエネルギーを受け取りましょう。そして、どちらの手でもかまわないので喉仏の辺りに手を当てて、五十音を1音ずつ声に出して、喉を活性化させていきます。まず「あ、い、う、え、お」。次に「か、き、く、け、こ」「さ、し、す、せ、そ」。喉を響かせるように発声してください。さらに「た、ち、つ、て、と」「な、に、ぬ、ね、の」「は、ひ、ふ、へ、ほ」「ま、み、む、め、も」「や、い、ゆ、ゑ、よ」「ら、り、る、れ、ろ」「わ、を、ん」と、最後まではっきり発声していきます。

⑤終わったら一度、深呼吸してください。ポジティブな喉と声帯のエネルギーを感じながら、「ありがとう」「元気」「健康」「若い」「美しい」「豊か」「ワクワク」等、思いつく限りのポジティブな言葉を思い浮かべてください。これで、あなたの喉のエネルギーは、ガラッと変わります。

⑥天児屋命に「ありがとう」と感謝して、ゆっくり目を開けてください。

◇◇◇◇◇◇◇◇◇◇◇◇◇◇◇◇◇◇◇

グーッと背伸びをし、深く呼吸しながら、拳で腕と足を軽く叩き、肉体を意識することでグラウンディングしておきましょう。

このワークを続けると、だんだんとネガティブな言葉が使えなくなっていきます。無理に使おうとすると、違和感や不快感を覚えるようになるからです。

何度も言うようですが、言霊を扱うためには、迂闊《うかつ》にぽろっと口にする言葉にも気をつける必要があります。「死ぬほどお酒が好き（お酒で死ぬことになるかもしれません）」とか「お金がなくなったらどうしよう」等と、冗談でも、言霊はパワフルな具現化の力を持っていることを忘れないでください。

もし、うっかりマイナスな言葉を使ってしまったら、そのあとに「ま、大丈夫だけど」とか「結果、うまくいくけど」等と、ポジティブな言葉をつけ足して締めるようにしましょう。

会話というのは、どんな話をしていても、最後に耳にした言葉が印象に残りやすいものです。なので、ネガティブなことを言ってしまっても、最終的にはあなたが望む言葉で締め括《くく》る、という習慣をつけてください。あなたはすでに注意深く言葉を使い始めており、言霊のエネルギーも活性化されていますから、それだけで、エネルギーはまったく違っています。

無意識に放っている言葉は、本来、それほど力を持ちませんが、たとえば「最近、治安が悪くて怖いよね。強盗とか気をつけないと」と不安や恐怖のイメージを持ちながら、臨場感たっぷりに語ると、あなたは「強盗」という形でなかったとしても、何らかの恐怖を感じるような現実を引き寄せかねません。

だからといって、ただ事実だけを淡々と述べるというのも違和感がありますし、何も話せなくなってしまうでしょう。

そこで、大事なのが「言霊遣い」になることで、あなたが望むことを意識的に、軽やかでポジティブなエネルギーを込めながら表現していくこと。これが具現化のマスターへの第一歩です。

自分を縛っている「呪い」の言霊

先述したように、言霊は「呪い」にもなります。

たとえば、あなたが小さい頃、マイペースな子で、親から「あんたは本当にグズだね」とか「どうしていつもトロトロしてるの」等と、日常的に言われ続けてきたとします。それを言っている親の方には、特に悪気はないのですが、あなたは、その言葉によって、大人になっても「自分はグズ」であるというセルフイメージを持ち続けてしまう……。そんな経験をした人も多いのではないのでしょうか。

子どもは、言葉をスポンジのように吸収します。子どもの柔軟な意識は、どんな言葉も検閲することなく、そのまま受け入れてしまうのです。

すると、深いところで「私はグズだ」と自分に対して劣等感を持ち、自分を肯定することができなくなることがあります。言われたことを本人が忘れていたとしても、親の言葉は意識の奥底でずっと生き続けています。それが「呪い」なのです。

もちろん親は、呪いをかけようとしたわけではありません。学校の先生や親以外の周りの大人たちも含め、誰もそんなことをしているつもりはないけれど、いろいろな形で洗脳され、僕たちは言霊による呪いの影響を受けています。

そして、大人になった時、呪いがパフォーマンスの低下につながったり、ありのままの自分を表現できない原因（ブロック）になるのです。

でも、そのブロックを外すために、いちいち「7歳の時、お父さんにこう言われた」「小3の時、担任の教師がこんなことを言ってきた」と思い出し、追体験する必要はありません。

次のワークでは、天児屋命があなたのエネルギーの波を見て、本領を発揮できない原因になっている呪いの言霊の影響を、ノイズキャンセリングするように外していきます。それによって、自己肯定感が高まり、自分をポジティブに捉えることができるようになります。同時に、これまで呪いの言霊によって蓋をされてきた才能や資質が解放され、自由に表現できるようになるでしょう。

これは、とても大事なことで、多くの人は自分がどんな言葉に影響されているのかわからないので、どうしたら良いのかがわからないでいます。

でも、自分の才能や資質、良き部分が、言霊によって妨げられているとしたら、これから自分を極めていこうとしている僕たちにとって、由々しき問題です。しっかり手放していきましょう。

呪いの言霊を解除するワーク（天児屋命）

①手のひらを上にして座ります。軽く目を閉じ、軽くあごを引き、背筋を自然に伸ばしましょう。意識は魂の中心、みぞおちに置きながら、深い呼吸を繰り返してください。もちろん、足元にはプラチナシルバーのフィールド、周りは宇宙空間が広がっています。その磁場に、光り輝く天児屋命が立っているのをイメージしましょう。

②魂の中心に意識を向け、「私の意識、私の音質を、天児屋命に開示します」と許可してください。すると、みぞおちの中心から、ものすごくまぶしい光の点がポンとあらわれ、フワーッと立体的に広がり、あなたの体の周り半径1メートルぐらいまで広がっていきます。その光が球体になって、あなたをすっ

ぽり包み込んでいる様をイメージしましょう。これがあなたの意識場であり、自身のオーラ、本質であると思ってください。ここには、あなたの人生で必要となる才能や資質が宿っています。

③では、光の球体の中に、天児屋命が入ることを許可してください。すると、彼がスーッと中に入り、光の中を動き回りながら、あなたの本質のエネルギーをチェックし、あなたが自分らしく存在することの妨げになっているエネルギーを特定します。それはお父さんやお母さんの言葉かもしれないし、おじいちゃんやおばあちゃん、学校の先生、友だち、同僚に言われたことかもしれません。あなたは、ただ深呼吸し、リラックスしていましょう。

④ここからは、天児屋命との共同です。あなたの周りを取り巻いている光の球体の中に彼の特定したエネルギーが真っ黒い球体としていくつも浮いているのを視てください。これは、呪いのエネルギーを持った言霊です。それを外すた

めにまず、両手で「ちょうだい」をするように器をつくり、「私が本領を発揮することを妨げている、言霊のエネルギーをすべて、この両手の上に集める」と意図しましょう。すると、真っ黒い球体の一つひとつが光り出し、集まってくることで、あなたの両手の上に巨大な黒い球体が形づくられます。光の球体を心の目でスキャンして、ひとつ残らず、両手の上に集まったのを確認してください。ちなみに、この黒い球体の内容が何であるか、を探る必要はまったくありません。

⑤さて、目の前に立つ天児屋命を視ると、両手で器をつくり、目を閉じ、声にならない言葉で祝詞のようなものを唱えています。すると、彼の手の上にとてもきれいなパール状の光がポンッとあらわれ、あなたの両手の上にある真っ黒い球体と同じ大きさまで、どんどん拡大していきます。そのパール状の光の球体を、あなたの真っ黒い球体に重ねてくれるのを視ていましょう。その瞬間、黒い球体がパンッと割れて、光の粒子になり、あなたの意識場からフワーッと

出ていきますので最後のひと粒まで解放されていくのを、しっかり見届けてください。

⑥ネガティブな粒子が完全に解放されたのを感じたら、一つ大きく深呼吸……。これであなたにずっと影響を与え続けてきた呪いの言霊が解消しました。天児屋命に「ありがとう」と感謝の気持ちを伝え、ゆっくり目を開けてください。最後に、グーッと背伸びをし、拳で腕と足を叩き、肉体を意識することでグラウンディングしておきましょう。

エネルギーを濁らせる「偽りの言葉」

新しい地球というのは、銀河人類と呼ばれる本質的な自分を表現する人たちが住む世界です。

銀河人類とは、正直に、嘘偽りなく、ありのままの自分で生きる存在です。さらに「光」を選択した人たちですが、闇側との対立構造から離れ、闇と光を統合し、「本質の光」を放つ存在と言えるでしょう。

なので、同種の光を放っているもの同士はすぐに認識し合えますが、偽りの自分を生きている人には気づかなくなっていくでしょう。嘘で固めたエネルギーはとても暗くて重たいので、自分を隠し、嘘をつき、偽りの言葉を発している人は、黒い雲に覆われ、存在が見えなくなってしまうからです。

野生のイルカの中に、前述のような状態で飛び込んだとしたら、素通りされてしまうかもしれません。それはイルカたちが無視しているのではなく、彼らはとても高い波動で存在していますので、こちらがエネルギーを閉ざしていると、波動の違いにより、本当に見えなくなってしまうのです。

でも、イルカに関心を持ち、心を開いて近づくと、彼らはそのオープンなエネルギーに反応し、すぐに寄ってくるでしょう。特に野生のイルカはそうで、人間同士の間でも、それと同じようなことが起こるのです。

なので、新しい地球にシフトしたいなら、まずは自分を偽らないことです。「ズルい自分」や「汚い自分」、言い方を変えると、「心の闇の部分」も、ありのままを認めるのです。なぜなら、僕も含めて、誰だってそうしたところを持っていて、それこそが「眠り」なのですから。つまり「ズルくて汚い自分」というのは、分離によって生み出された、古い地球の意識ですから、責めたり、隠そうとするのではなく、それらを捉えたら、ただ手放していけばいいだけなのです。

あなたは、本来完全な意識で、自分のその本質に気づいた時、あまりにも美しすぎて、感動のあまり泣いてしまうでしょう。それぐらい僕たちは、恥ずべきところなど1ミリもない、気高く透明感のある、豊かな光そのものなのです。

その「光」を覆っているのが、眠りという分離の周波数です。でも「これが私です」と自分を表現し、そこで出てくる分離の周波数を手放していけば、覆っていたものは徐々に外れ、本質の光が溢れ出すのです。それはまさに、さなぎから蝶に生まれ変わるような体験と言えるでしょう。

そうなれば、やりたいことは何でもやれるし、なりたいものには何にでもなれます。今、あなたは、そんな自分を憶い出し、新しい地球に向かっている途中なのです。

でも「新しい地球にシフトしよう」と、心の底から思っている人は、多くはないのが実情で。

中でも、「善良な人たち」は新しい地球には同調しないでしょう。ここでいう「善良な人」というのは、世の中の善悪の基準によって生き、「自分は正しくあろう」としている人たちのこと。常に「間違ってはいけない」という意識を強く持ち、他人に迷惑をかけないように生きている人たちです。

「それのどこが悪いの?」と思う人もいるでしょう。僕はこのことをずっとお話してきていますが、なかなか理解してもらえない部分です。まず善良であることは、もちろん悪いことではありません。

しかし、本質の光を理解し、ありのままに正直に生きていれば、自然に調和してしまうため、迷惑をかけないようにしようと努めなくても、迷惑をかけることはありません。摩擦の周波数がないのです。

さらに善良であろうとする、そのあり方には、自分と違う生き方をする人、つまり、善良ではない「正しくない人」が出てくると、批判し、排除しようとする危うさがあり、それゆえに排除される側にならないための、嘘や欺瞞《ぎまん》が生まれやすくなるのです。

それだと、本質を表現するという、本来のあり方から、どんどん乖離してしまいます。

新しい地球は「ストレスを感じながら、我慢しながら、調和を装う」という世界ではありません。善いも悪いも超越した意識を持つ世界ですから、「善良な人」という「善悪」をベースにしたあり方から、速やかに抜け出すことが求められているのです。

本領を発揮して、最高の自分を解き放つ

ここまでのワークで、あなたの本質の発露を妨げるものを取り除くサポートを

天児屋命にしてもらいました。最後のワークでは、天児屋命の言霊のエネルギーを使って、さらに、あなたの中にあるポジティブな性質や資質を活性化していきましょう。

あなたは、すでに本質を発揮できる状態になっていますが、このワークをすることで、より加速して発揮できるようになります。

というのも、第1章でお話ししましたが、今はもう待ったなしの時代ですから、焦る必要はありませんが、グズグズしている場合でもありません。のんびりしていたら、あっという間に人生が終わってしまうでしょう。最後の瞬間に、目を醒ましてもいいのですが、できれば早めに目を醒まして、この地球を本当の意味で遊び尽くしたいと思いませんか？

僕たちはこれから、さまざまな宇宙の種族たちとの交流を始めようとしています。そのため、僕たちは急速に目醒めていくことが求められているのです。眠った意識のままでは、当然、彼らの高い周波数を受け止めることができないからです。

完全なオープンコンタクトは、早ければ2037年辺りになるでしょう。ただ、

２０２７年までには兆しが出てきますし、そういう人たちが増えるほど、地球は宇宙の種族たちを迎える準備が整い、ＯＫですよ、という電波を出すことになり、２０３７年を待たずにオープンコンタクトが起きてもいいのです。

そうなれば、宇宙のテクノロジーも、どんどん活用されるようになって、地球はガラッと変わっていくことになります。

誰もが自身の本領を発揮することが大事な時代になりますから、これから行うワークで、それを引き出し、活性化するため、天児屋命から言霊のエネルギーを受け取りましょう。

才能、資質を開花させるワーク（天児屋命）

①両手を組んで座り、軽く目を閉じ、軽くあごを引き背筋を自然に伸ばします。みぞおちの辺りを意識しながら、深い呼吸でリラックスしましょう。これまでの2つのワークで、あなたの本質にアクセスした天児屋命が、あなたにもっとも必要な才能、資質を活性化し、引き出す言霊を放ちます。あなたは、自分の中のどういう才能や資質を発揮したいか、まずは一つ決めておいてください。音楽や芸術の才能、英語を流暢《りゅうちょう》に話す能力、どんな人とも楽しく会話できるコミュニケーション力……など、何でもかまいません。自分が望むものを、一つ選択します。

②望みを決めたら、プラチナシルバーのフィールドに立ち、周りに広がる宇宙

空間をイメージしましょう。とてもきれいな透明感のある光の球体が、あなたのみぞおちを中心に直径3メートルほどの大きさで広がり、あなたを取り巻いている様を視ます。これがあなたの魂、本質の光です。天児屋命が、その本質の光の中から、今のあなたにとって大切な3つの才能、資質と、あなたがお願いした1個のそれを取り出し、活性化してくれます。

③目の前に立つ天児屋命を視ながら、あなたを取り巻く光の球体へ意識を向けると、その中に、たくさんの音符が浮かんでいるのが視えてきます。ト音記号やへ音記号など、弾むように浮かんでいるさまざまな音符は、あなたのポジティブな才能や資質をあらわしており、それらは自分を含むすべてに、肯定的な影響を与えるものです。カラフルな音符が楽しそうに弾んでいるのを見つめましょう。

④そのあなたの意識場に天児屋命を招き入れます。「天児屋命どうぞ、私の意

識場にお入りください」と許可を出せばＯＫです。彼があなたの意識場を歩き回りながら、浮かんでいるたくさんの音符の中から、３つの音符を手に取ります。

⑤天児屋命がそれらを持って、あなたの意識場から出ていきます。そして、両手に乗せた音符に口を近づけ、目を閉じて祝詞のようなものを唱え始めます。すると、３つの音符が輝き、両手から光が溢れ出します。それは活性化した、あなたの才能や資質が放つ光です。彼の言霊の波動に触れることで、共鳴を起こし、活性化しているのです。両手から溢れる光がさらに輝きを増していくのを視てください。

天児屋命が祝詞を唱え終わると、３つの音符は光を放ちながら踊っています。あなたの才能や資質が完全に活性化され、活き活きと弾んでいるのです。次に、彼がその音符を、花びらをふわっとかけるように、あなたに向かって放つと、スーッと意識場へと吸い込まれます。

⑥あなたのもとに戻ってきた音符は、意識場で一斉にハーモニーを奏で始めますので、その心地良い振動を感じてみてください。そして、あなたの意識場にあるすべての音符が、振動する3つの音に共鳴し、新たなハーモニーを奏で始めるのをイメージしましょう。ただ、あなたの意識場に、美しい音楽が流れていると思うだけでいいのです。不協和音はひとつもありません。すべて調和し、美しいメロディーを奏でています。

⑦それを十分に感じたら、一度、大きく深呼吸……。次は、あなたの望む、才能、資質を活性化していきます。選んだものに意識を向けながら、あなたの意識場で弾んでいる音符たちを視てください。すると、その中に一つだけ「これだ」という音符が見つかり、激しく鳴り始めます。それを、手のひらに乗せましょう。天児屋命が再びあなたの意識場に入り、手のひらに乗せた音符の上に両手をかざし、そのまま目を閉じ、祝詞のようなものを唱え始めます。

⑧あなたはリラックスしながら、自分が望む才能を発揮しているシーンを、どんな形でもいいので思い描いてください。才能を発揮した時、自分の人生がどのように変化し、どうなったら最高なのか。素晴らしい人生を送っている自分を想像し、その時の喜びや達成感を感じてみましょう。すると、あなたの手の上の音符が激しく振動し、活き活きと活性化し始めます。

⑨天児屋命が祝詞の奏上を終え、手を離します。そしたら、その明るく光り輝く音符を、あなたの意識場のしっくりくるところにポンッと置いてください。すると、新たなハーモニーが奏でられ、美しい旋律が意識場の中に鳴り響きます。その音色を感じましょう。

⑩天児屋命が意識場から出たのち、あなたの前に立ちます。彼に、してくれたことのすべてを「ありがとう」と感謝の気持ちを伝え、調和された音に意識を

向けながら、ゆっくり目を開けてください。そのままぐーっと伸びをして、拳で軽く腕と足を叩き、肉体を意識することでグラウンディングします。

日々の言葉が変われば人生が変わる

最後に、言霊遣いのマスター、具現化のマスターになるため、簡単に実践できる方法をお伝えしたいと思います。

まず、朝、目が覚めたら、最初の言霊として「私には最高の1日が待っている」「私は今日、最高の1日を生きる」など、自分が体験したいこと、その日起きてほしいことを言葉にしてください。潜在意識がオープンになっている寝起きは、言霊のエネルギーがパワフルに作用します。

さらに、朝だけでなく、道を歩きながらでも、体験したいことを言葉にして発してみましょう。「私は毎瞬、若く美しくなっている」とか「私はどんどん豊かになっていく」など、何でもいいのですが、心で思うより、実際に声に出すと、より効果的です。

マスターや天使たちに助けを求める時も、心の中で「助けてください」とお願いするより、呟く感じでもかまいませんので、声に出して言った方がより伝わります。実際に、声帯を震わせることが大切なのです。

ところで、天児屋命のワークを続けていくと、これまで自分がどれだけネガティブな言葉を無意識に使っていたかに気づくようになるでしょう。人によっては愕然《がくぜん》とすることもあるかもしれません。

でも、そのたびに修正していけばいいのです。繰り返し行うことで、意識が変わり、あなたの人生の流れは確実に変化することになります。それほど言霊というのはパワフルなのです。

そして、この本を手に取り、天児屋命のワークをするということは、彼とご縁を結んだということ。せっかくの「ご神縁」なのですから、いろいろな角度から言霊をアップグレードしてくれるよう依頼してみることをお勧めします。

すると、あなたの言葉の力はますます高まり、たとえば誰かに「大丈夫だよ」と言った時、これまでだったら相手はあまり反応しなかったのに、「あなたから大丈夫だよって言われたら、大丈夫な気がしてきた」という、まったく違う反応が返ってくるようになるのです。

それは、あなたの言葉の力が増しているからです。だからこそ、望むことを表現し、望む通りの現実をどんどん具現化していきましょう。それこそが、あなたがこの人生にやりに来たことの一つです。そんな世界を、天児屋命と共同しながら、自由自在に創っていきませんか？

第6章

古い自分を古い地球に置いていく

シヴァ神は大変化期最強の導き手

銀河人類へのシフトは、肉体を持ったまま生まれ変わるということです。通常は肉体を脱ぎ、新しい体を得ることで、生まれ変わっていたのですが、今僕たちは、肉体を脱ぐことなく、それができるという、非常にエキサイティングな時代を迎えているのです。しかし、それに伴い、さまざまな変化もあらわれ始めています。

その一つが夢です。「最近、夢見が悪い」と感じている人もいるのではないでしょうか。夢は、日常で体験したネガティブな感情を洗い流し、整理するための機能も果たしているため、寝ている間に、潜在意識に潜んでいたネガティヴィティーが浮上してくることがあるのです。

特に今は、僕たちが目醒めの時を迎えているので、これまでの眠りの歴史において使ってきたネガティブな意識が解放されようと、一気に吹き出し、人によっては、非常に夢見が悪くなってしまっているわけです。

それが原因で、「何か良くないことが起きるんじゃないか」と不安になる人もいますが、心配は要りません。

朝、起きた時「ネガティブな感覚が残っている」と感じたら、「この感覚を認められる?」と、自分に問いかけ「イエス」と答える。さらに「これを手放してもいい?」と問いかけ「OK」と答えます。最後に、「じゃぁ、いつ手放す?」の問いかけに「今!」と答えて、一度、深呼吸……これで、その周波数が外れていくことになります。必要に応じて、繰り返してみてください。毎朝、〝自問自答〟をしてから起きる習慣をつければ、意識がどんどんクリアになり、夢見も良くなっていくでしょう。

冒頭でもお話したように、今はとても貴重なタイミングを迎えており、それを活かして飛躍的な成長ができるというのは、まさに「恩恵」です。

このチャンスを最大限に活用することで――もちろん、活用しなくてもかまいませんが――あなたの人生には、想像を超えた世界が広がることになるでしょう。

この「想像を超える」というのが重要なキーワードで、これは僕たちの意識が想定内の枠を飛び越え、想定外へ出て行こうとしている、ということ。そのため、想定外の自然災害や異常気象といったことも起こっているのです。

そんな大きな意識改革の時期に、頼りになるマスターがシヴァ神です。シヴァ神は破壊と創造の神とも言われ、怖いイメージもありますが、本来非常に慈悲深い存在です。体に蛇を巻いている姿などの、禍々《まがまが》しいと感じる絵もありますが、蛇はクンダリーニという生命エネルギーの象徴です。

また、ヒンドゥー教の神々の中でも、シヴァ神は輪廻の輪を抜け、解脱（げだつ）しているという点で特殊な存在です。神々が皆、解脱しているわけではなく、解脱しているシヴァ神と、そうではない神とは〝抜け方〟が全然違います。

そんなシヴァ神を仏教の世界では、大自在天《だいじざいてん》、もしくはマヘーシュヴァラとも呼んでおり、ヒマラヤ山脈に住んでいると言われています。

この章で共同していくマスターは、このシヴァ神ですが、彼は無駄口を叩きません。チャネリングをしている間に何か質問しても、返ってくる答えは端的で、シンプルです。

しかし、怖いというのではまったくなく、ワークを通して交流してみると、彼のパワフルさの中に、強さゆえの優しさも感じ取ることができるでしょう。

そのエネルギーは、言うなれば「お前が望んでいるものはこの先にあるよ、ほら、勇気を出して、一歩を踏み出せ！」と、あと押ししてくれる感じでしょうか。一瞬、たじろぐこともあるかもしれませんが、その力強さに僕はいつも、溢れるような慈愛を感じます。

シヴァ神は破壊のエネルギーを持つ存在ですが、それは、僕たちの最善、最高をバックアップするため。なぜなら、まっさらになるからこそ、まったく新たな創造ができるようになるからです。つまり、破壊と創造は常にセットなんですね。

また、先ほどもお伝えしましたが、シヴァ神は輪廻の輪を抜け、完全に解脱した存在です。解脱とはわかりやすく言うと、この地球を最大限に楽しみ、お腹いっぱいになって感謝しながら、卒業するということ。僕たちもまた、地球を取り巻く上昇気流に乗って輪廻の輪から抜けていく、つまり、古い地球を卒業しようとしていますので、シヴァ神は大先輩であり、非常に頼もしい導き手になるわけです。

さて、この章のワークでは、古い地球バージョンのあなたを、古い地球に置いていきます。これは、新旧を分離させるということではなく、古い地球には、古い地球にふさわしいものがありますから、そのまま置いていくだけでいいのです。

あなたの「眠りの部分」を古い地球に置いていくことで、あなたは軽やかに新しい地球に同調し次元上昇の波に乗ることができます。これが「飛翔」するということです。

そのために、シヴァ神というパワフルなマスターと共同し、古い自分のネガティブなパターン、そして、執着を外していきましょう。

それから、ワークの前にひとつお話しておきたいのですが、皆さんはさまざまなマスターとワークをする中で「このマスターと共同すると、すごく外れる体感がある」とか、逆に「このマスターは、よくわからない」といった経験があると思います。これはあくまで「角度の違い」で、僕があえて「このワークだけがすごく大事」という言い方をしないのは、マスターそれぞれの角度が違うからです。

たとえば「古い自分を外す」という同じテーマで、シヴァ神と大天使ミカエル、それぞれとワークしたとしても、角度が違うため当たる場所が変わります。でも、テーマは同じなので両方のワークをやることで、多角的に崩し、結果ごっそり外していくことができるのです。

なので、皆さんもワークをする際は、「このマスター以外のワークはやらない」と決めつけないでください。シヴァ神のワークをやったあとに「違うマスターとのワークはどうかな？」と思ったら、それはあなたのハイヤーセルフからのサインですから、トライしてみましょう。

すると、それまでのワークとはまた違った体感が得られ、別のパラレルにシフトすることができるようになるのです。だからこそ「昔やったワークだからもう必要ない」ではなく、ふと「あのワーク、やってみようかな」と頭に浮かんだら、ぜひ、そのサインに従ってみてください。

愛情と執着を手放すワーク（シヴァ神）

①静かに座って、手のひらを上にして太ももに置き、軽く目を閉じ、軽くあごを引き、背筋は自然に伸ばします。肩の力が入っていたら、グッと力んで肩を上げ、ストンと下ろしてください。シヴァ神のエネルギーは非常に強いので、意識を向けた時点で、そのパワフルな感覚を感じる人もいるでしょう。もちろん、感じられなくても大丈夫です。あなたは「何も感じないという体験」をしているのですから、無理に感じようとせず、リラックスして楽しんでいれば、彼のエネルギーをちゃんと受け取ることができます。

②ゆっくりとシヴァ神のエネルギーが降りてくるのを感じましょう。周りにはヒマラヤ山脈が広がっています。この時、ヒマラヤ山脈に心が惹かれたり、洞

シヴァ神

窟で瞑想しているシーンが湧いてくるかもしれません。シヴァ神によると、そういう人は「ヒマラヤ山脈において解脱のための修行をした者」であり、「私、シヴァとの絆を持った者である」と伝えてきています。あなたも、かつてヒンドゥー教に関わっていた時代があるのかもしれないですし、シヴァ神を主とする宗派に属していたのかもしれません。絆を持っている人というのは、こうして引き寄せられたりするわけです。

③では、深呼吸しながら「ヒマラヤ山脈と、シヴァ神にチャンネルを合わせる」と意図してください。そして、ヒマラヤ山脈の山頂で、静かに瞑想《めいそう》している自分をイメージします。すると、だんだんシヴァ神の気配が強くなり始めます。そして、彼のシルエットがスーッとあなたの前に立つのを視てください。ブルーの肌をした巨大なシヴァ神が、そのシルエットから浮かび上がるように姿をあらわします。その周りには、彼をサポートする7人のマスターがおり、彼らはとてもきれいな純白の光を放っています。

④シヴァ神と7人のマスターが、ヒマラヤの山頂に座っている、あなたの周りをぐるっと取り巻きます。計8人のマスターに包まれている、あなた自身を想像してください。これから彼らと共同し、あなたの眠りの要素をすべて、古い地球に置いていきましょう。まず、イメージの中で立ち上がってください。シヴァ神と7人のマスターもすっと立ち上がり、シヴァ神がある方向に向かって歩き始めるので、マスターたちと一緒にあなたもその後ろに付いていきます。

⑤すぐ下が崖になった、山のへりのところまで、シヴァ神に連れられ歩いてきました。彼に「崖の下を見てごらん」と言われ、のぞき込んでみると、そこには古い地球が、ホログラムのように映し出され、浮かんでいます。古い地球は、錆びていて、重くじめっとしたネガティブなエネルギーで満ちていますが、これはかつて僕たちが存在していた地球です。そして、時代の転換期を迎えている今、もうそこはあなたの居場所ではありません。これを見下ろしているとい

うことは「あなたが、そこから抜けているからである」と、シヴァ神は伝えてきています。そして、古い地球に存在する古い自分のあり方、眠りのあり方を「すべて捨ててしまいなさい」と言っています。最初は抵抗を感じるかもしれませんが、「私は新しい地球へシフトする」と明確に意図し、覚悟を決めましょう。

⑥シヴァ神が、古い自分のあり方を手放すべく、誘導してくれますので付いていきましょう。まず、手放すのは「家族に対する執着」です。それは愛情が関わるので、抵抗が出てくる人もいるでしょう。でも、想像を超えたステージに立ちたいなら、それを手放す必要があります。だからといって家族を捨てるわけでも、家族への愛を手放すわけでもありません。彼は、「手放すことで、家族に対する捉え方や感じ方が変わってくることになる」と伝えてきています。特に、今まで執着によって家族とつながっていた人は、大きく変化することになるので、覚悟を決めましょう。僕自身ずっと昔、マス

ターから「あなたはすべてを捨てても、先に進みたいですか」と問われたことがあります。僕にとって家族は昔も今も、とても大事な存在ですが、それよりもその先に行きたい、「本当の自分を生きたい」という願いの方が強かったので、その「執着」を手放しました。すると「それまでの大事という感覚が様変わりし、もっと大きな意味で、家族が大事になりました。つまり、手放して得るものはあっても、マイナスになることは一つもありません。執着と愛情（愛着）は同じですから、両方を手放すことになりますが、それがなくなっても「愛は残る」とシヴァ神は言います。すべてを手放しても愛だけは残るんですね。

⑦さて、手放す覚悟は決まりましたか？　あなたの中でそれが決まると、次の瞬間、あなたの体の内側から真っ黒いエネルギーがむくむく浮かび上がってきて、あなたの肉体の3～4倍ぐらい大きい形でガチッと固まります。これは、あなたの家族に対する執着や愛情のエネルギーです。塊を両手でガチッとはさ

み、スコンッと前に押し出して、崖の下に浮いている古い地球のホログラムに向かって、ポーンと投げてしまいましょう。

⑧次は、パートナーや親友など、家族以外の大切な人たちを思い浮かべ、その人たちへの執着と愛情を手放す覚悟を決めてください。すると、先程と同じように、あなたの中からむくむくと真っ黒いエネルギーが拡大し始め、あなたの体の3～4倍の大きさまで広がり、ガチッと固まります。それを両手でしっかりはさんで前に押し出し、マスターたちが見守る中、崖の下に浮かぶホログラムの地球にポンと投げ入れてください。そしたら一つ、大きく深呼吸……。

お金への執着と戦いの周波数を手放すワーク（シヴァ神）

新しい地球は、徐々にお金はなくなっていく方向に進んでいきますので、お金に対する執着を持っていると、非常に苦しくなるでしょう。お金を貯めることに必死になったり、お金を散財したり、お金がすべてという価値観を持っていたり……と、これらはすべて執着になります。

もちろん今のところ、お金は便利なツールではありますが、シヴァ神は「お金は生きていくために必要なもの、というのは誤った観念である」と伝えてきています。さらに「つくられたシステムの中で、人はお金がなければ生きていけないと洗脳され、操作されてきた。人類は、その洗脳から抜け出す必要がある」とも言っています。

まず、お金に対する執着を外していきましょう。

①深呼吸をしながら、「お金がなければ、生きていけないという観念を手放す」と明確に意図してください。すると、また、あなたの内側からむくむくと、真っ黒いエネルギーが拡大し始めますが、これは、家族や大切な人に対する執着のエネルギーよりも大きいです。人によっては何倍もの大きさかもしれません。どんどん拡大していき、ガチッと固まるのを視ましょう。

②固まったら、それを両手でガチッとはさみます。硬くて重量感がありますが「よっこらしょ」っと前に押し出し、そのまま崖の下へ投げ入れます。勢い良く落ちていき古い地球のホログラムの中に、ズボッと吸い込まれていくのを見届けてください。そしたら、一つ深呼吸……。全身が軽くなっているのを感じましょう。

③次は、新しい地球にいちばんそぐわないもの――戦いの周波数を手放します。

新しい地球は、真の調和に満ちた世界になりますから、善悪の物差しは必要ありません。「正義」の天秤も要りません。批判やジャッジは正義から生まれているので、それを手放してしまえば批判もジャッジもできなくなります。しかし、「正義」の周波数は非常にしつこく、何度手放しても、どこかに、わずかながらでも残っていますから、根こそぎ取り除く意図を持ってください。

「私の中にある正義の周波数を根こそぎ手放す」と宣言しましょう。それと同時に「私は正しい、私は間違っていない」というあり方を手放すことも決めてください。すると、あなたの内側から、むくむくと真っ黒いエネルギーが煙のように沸き出し、あなたの周りを取り巻きます。このエネルギーも、人によってはものすごく大きいかもしれません。それがガチッと固まるのを視たら、両手ではさみ、前に押し出して崖の下へ投げ入れましょう。そして、古い地球のホログラムに吸い込まれるのを確認したら、深呼吸します。

④さらにもう一つ、新しい地球にはそぐわない「物質主義的なあり方」を手放

しましょう。シヴァ神によると、僕たちは、これまで目に見える物がすべてであり、大切なものである、と洗脳されてきたため、物に対する執着が色濃く残っているそうです。そこから抜けるには、この物質至上主義的なあり方そのものを手放す必要があります。物質主義の対義語で、目に見えないものを尊ぶ「精神主義」という言葉がありますが、新しい地球は、この精神主義的なあり方が大事であると、本当の意味で気づいている人たちが住む世界です。さぁ、準備はいいですか。

「私は物質主義的なあり方を手放す」と宣言してください。主義とは一つの考え方で、洗脳されたものの見方、捉え方でもあります。物をたくさん所有しているのがいいこと、高い車に乗っていることがいいこと、お金をたくさん持っているのがいいこと……と、僕たちは思い込まされてきました。その物質主義的な考えを手放すことを明確に意図します。

⑤すると、再び真っ黒い煙があなたの中にあらわれ、どんどん拡大しながら、

あなたの何倍もの大きさになったところでガチッと固まります。それを、両手ではさんで、スコンッと前に押し出し、古い地球へと投げ入れます。古い地球に完全に吸い込まれたのを見届けたら、一度、大きく深呼吸しましょう。

古い地球を破壊するワーク（シヴァ神）

ここからはシヴァ神と共同して、古い地球のホログラムを破壊する最後のワークに入ります。あなたは、これまでこの古い地球にしがみついてきました。でも、破壊してしまえば、しがみつきようがありません。未練を完全に手放し、新しい地球にシフトする準備をしましょう。

①目の前にそびえ立つシヴァ神を視てください。手には大きな剣を持っており、それをあなたに渡してくれます。これは破壊の剣であり、「この剣で、あなたがみずから破壊する必要がある」と言っています。

②シヴァ神と7人のマスターたちが、あなたを取り囲むと、スーッと体が浮き

上がっていくのを感じてください。そのまま彼らのエネルギー場に包まれた状態で、崖の向こう側に移動し、古い地球のホログラムの真上に浮かんでいるのを視てください。

③「大剣をホログラムに向かって突き刺しなさい」とシヴァ神が言ってきますので、まず、大剣の刃を下に向けて両手でしっかり握ってください。刃の先には古い地球のホログラムがあります。大剣を構えたまま、心の中で「私の中にある古い地球への執着を、今、完全に手放す」と宣言しましょう。心が決まったら、握っている剣をパッと離します。大剣はスーッとまっすぐに落ちていき、古い地球のホログラムに突き刺さります。すると、大剣から、まばゆい光が四方八方に放たれ、次の瞬間、ものすごい勢いで古い地球が粉々になります。その様子をマスターたちと一緒に上から眺めていてください。古い地球は跡形もなくなりました。その後、大剣があなたのもとに戻ってくるので、それを両手で受け取り、シヴァ神に「ありがとう」と感謝の気持ちを伝えて返しましょう。

④そのまま古い地球のホログラムがあった場所を視て、その中心辺りに意識を向けてください。すると、とてもきれいな光の点が視えてきます。シヴァ神が「これは光の種だ。あなたが古い地球で学んできた、気づきや知恵、叡智のエッセンスなので受け取りなさい」と言っているのが聴こえてきます。すると、きれいな光を放つ、その種があなたの手元にやって来るので、両手で受け取りましょう。あなたは、新しい地球にこの種だけを持っていけばいいのです。息を吸いながら、スーッと吸い込むように種をみぞおちにしまってください。そのまま両手を重ねてみぞおちに置きます。光の種に意識を向けながら、気づき、知恵、そして叡智のエッセンスが、あなたの中で、どっくんどっくんと息づいているのを感じましょう。

⑤シヴァ神が「もう一度、足元を視てごらん」と言っています。そこには黄金に光り輝く地球が見え、これこそが、あなたが向かおうとしている新しい地球

です。マスターたちに囲まれながら、スーッと黄金の地球へ降り立ちます。足がついたら、グラウンディングを意識してください。

　すると、みぞおちにある、光の種が成長し始めます。早回しのように、ものすごいスピードで芽を出し、茎が伸びて幹になり、葉っぱや実が生い茂っていきます。ぐんぐん育って、あなた自身が木と同化します。あなたの体が幹になり、手や頭から枝葉が分かれて、豊かさを象徴する宝石のような、キラキラ輝く実がいっぱいぶら下がっているのを想像しましょう。それは、エメラルド、ルビー、サファイアそしてダイヤモンドのようにも見え、すべてがあなたの無限の可能性と無限の情報を象徴しています。

⑥木の根っこが、新しい黄金の地球に根づくのを視てください。足裏をぐっと床に押しつけるようにしてみるといいでしょう。あなたの足元から光の根っこが無数に伸びて、立体的に広がり、地球の裏側まで覆って、すっぽり包み込んでいるのをイメージします。

⑦「あなたは新しい地球のエネルギーと完全に同化していると」シヴァ神が伝えてきています。あなたが呼吸するたびに、根っこから新しい黄金の地球のエネルギーを吸収し、それが枝や葉っぱ、そして実に行き届くことで、ますます豊かに茂っていくのを想像しましょう。

十分に感じられたら、シヴァ神とマスターたちに「ありがとう」と感謝の気持ちを伝えてください。

あなたを取り巻いていたマスターたちが、宇宙に向かって上昇していきます。彼らが、光になって消えていくのを見届けてください。そしたら、ゆっくりと目を開け、グーッと伸びをして、拳で軽く腕や足を叩き、肉体を意識することで、グラウンディングしておきましょう。

大切な人を「連れて行こう」としない

ここまでのワークを終えると、これまでの人生を含めた、古い地球の意識はすべて過去世の如くなっていると思います。今この瞬間、あなたは、まったく新しい自分として、ここに降りているのです。

そう言われても実感が湧かず「いや、続いているよ」と感じるかもしれませんが、昨日の自分も、1秒前の自分だって、ただの記憶であり、すでに過去世が如くでしょう。なので、もうネガティブな記憶に一切囚われる必要はないのです。

では、囚われなくなったら、どうなるのでしょう?

新しい地球が視界に入ってきます。そこは想像を超えたステージなので、まだ予測がつきませんが、それが「ある」と思って、フォーカスしてみましょう。その時、「これから素晴らしい世界が待っている」とか「すごいことが起きていく」等とワクワクするなら、あなたは新しい地球とチャンネルが合っていることになります。

でも「まだ不安や怖れを感じる」という人も、それはそれでいいのです。ネガティブな感情が湧いてきたら、ワークの時に視た、真っ黒い煙が固まったものや古い地球のホログラムを思い描いてください。不安や怖れの塊をガッとつかんで前に押し出し、崖の下の古い地球にパッと投げ入れるイメージをするだけでもＯＫです。

そうやって古い自分のあり方を古い地球にお返しするつもりで、どんどん手放していってください。古い自分をいつまでも抱えていたら、新しい地球にシフトしている感覚は得られないでしょう。不安になったら手放す、怖れを感じたら、また手放す……と、繰り返していると、だんだん古い地球の記憶は薄れていきます。そして、自分の照準が、新しい地球に合っていくのを実感できるでしょう。

新しい地球に移行することは、あなたの魂の願いです。古い眠りの地球でのあり方を完全に終わらせて、新しい地球に同調して目醒めることを魂は望んでいます。それを意識しながら、日々生きていると、上昇気流のうねりの先頭に立つことができるようになります。

それでも「やっぱり手放せない！」と、古い地球への執着に気づいたら、「それが望みなの？」「古い地球にいたいの？」と、自分に問いかけてみてください。そこで「イエス！」と返ってきたら、そのまま留まりましょう。

これは、茶化して言っているのではありません。

心は留まりたがっているのに、「先に意識を向けなさいと言われたから」と、無理やり行こうとすると、あなたは「行く、行かない」と葛藤することで、引っ張り合いが起き、苦しくなってしまうでしょう。あなたは、苦しむためにここにいるのではありません。「行かない」ことを選択するなら、それは今のあなたが決めたことであり、正しいも間違いもありませんから、選んだものを色濃く体験する中で、気づき学んでいけば良いわけです。

問題なのは、行くか、行かないか葛藤している状態です。それがいちばん苦しいですから、どちらかに決めた方が楽ですよ、というだけなんですね。

他人に接する時も、このポイントを忘れず、同じ姿勢でいるようにしてください。どういうことかというと、相手を「連れて行こう」とせず、彼らの選択に任せるのです。冷たいと感じるかもしれませんが、連れて行こうとするのは大きなお世話であり、いい迷惑なのです。

大切な相手だと、あなたは、つい手を差し伸べたくなってしまうかもしれません。そして、相手が「うーん、私、まだここにいたいと思ってるんだよね」と言っているのに、「あなたはこの先のいい世界を知らないから、そういうことを言ってるの。私が言うんだから間違いない。さ、来なさい！」と手を引っ張って、強引に新しい世界へ引き上げたとしましょう。

それが、あなたにとってどんなに素晴らしい世界でも、相手が元の世界にいたいと思っていたら、相手にとって、そこは居心地の悪い場所です。そうなると、その人は、結局、元の世界に戻って行きます。そのたびに、あなたが手を引っ張って引き上げても、必ず戻ってしまい、結果あなたのそばからいなくなってしまうでしょう。

つまり「連れて行こう」とするのは、あなたにとってもロスで、「この人のために何とかしてあげたい」と戻っては引っ張り、戻っては引っ張りを繰り返すのは、もはや執着なのです。そんなことを続けていたら、あなた自身が上昇気流のうねりから外れ、乗り損ねてしまいかねません。

なので、気持ちはわからなくはないですが、決してやらないでください。あなたはあなたで自分に集中し、先に行って、上昇気流の先頭に立てばいいのです。そんなあなたの姿を見て、相手が「軽やかに飛翔していっている」あなたに驚き、「私もあそこへ行きたい」と思えば、放っておいてもついてくることになります。それこそがギフトであり、もっとも効果的な〝勧誘活動〟（笑）になるのです。

輪廻の輪を抜けて解脱へ

再三お伝えしましたが、シヴァ神は輪廻の輪から抜け、解脱している存在です。そして、この本を手に取ってくださっている皆さんもまた、輪廻の輪を抜けて転生の流れへと入っていこうとしている「同士」の人たちでしょう。

修行僧でもなく、宗教とはまったく関係のない人々が解脱し、転生していく時代は、これまでも、これからも、おそらくありません。

それぐらいすごいことが今は起きていて、無数の魂たちが「生まれ変われる恩恵にあずかれるなら」と、地球を取り巻くように順番待ちをしています。

そもそも僕たちは皆、宇宙の観点から見れば、みずから輪廻の輪の中に入りました。車輪の中で延々と廻っているハムスターと同じで、ひょいとつまれ、輪の中にポンと入れられたのですが、その前に「この輪に入りたい」と思ったのは自分自身です。すっかり忘れてしまっていますが、誰もがみずから望んで輪に入り、ひたすら廻ってきたのです。

でも、今はいいかげん廻りすぎて、ヘトヘトになっています。廻るのに疲れたハムスターが、走るのをやめ、輪っかと一緒にぐるんぐるん回転しているのを見たことがありませんか？　皆さん、あんな状態になっていて、「もう十分楽しんだから、ここから抜けたい」と思っているけれど、抜け方を忘れてしまっているのです。

でも、僕たちは自分で入ったのですから、望めばいつでも輪廻の輪を抜け出せますし、そういう時代を迎えているのです。

それを踏まえた上で、次はシヴァ神と共同して、輪廻の輪を外し、統合するワークをご紹介したいと思います。輪廻の輪を外すのは、もちろん自分ですが、長い間、深く自分のエネルギーの場に刻み込まれていたので、かなり手強いです。でも、その輪から抜けているシヴァ神は、このエネルギーを扱うことに長けており、あなたを強力にサポートしてくれますので、安心してください。

輪廻の輪を抜けるワーク（シヴァ神）

①足元には、プラチナシルバーのフィールドの地場を視てください。周りは宇宙空間になっているのを視てください。この磁場の上で、いちばんしっくりくる場所に立ちましょう。よくわからなければ、「自分の使っている周波数だけに100集中する」と唱え、トン、トン、トンと胸の真ん中辺りを軽く叩き、深呼吸します。もしくは自分の好きな方法で、100の位置、つまり「本来の自分の場所」に立って、「シヴァ、どうぞ私のもとへ来てください」と呼びかけましょう。するとブルーの肌をした、巨大なシヴァ神があなたの前に姿をあらわします。

②次に自分の周りのエネルギーフィールドをスキャンするように見回し、意識

場を感じてみます。すると、あなたの周りをどーんと取り巻く鉄の輪が視えてきます。そして車輪の中を廻るハムスターのように、自分が輪の中にいるのをイメージしてください。でも、あなたはそこから抜け出し、先へ行くと決めているので、輪は止まっています。しかも、ボロボロで錆びつき、「ああ、この輪の中で何回も、何世紀も、長い間、ずーっとぐるぐる巡ってきたんだな」とわかります。

③ここから、シヴァ神に力を借ります。あなたは、輪から出ると決めていますが、なじみ深い場なので、出ていくのを躊躇している自分に気づきます。「そんなことはない」という人も、輪から抜け出すためには必要なプロセスなので、仮にでもいいですから「自分は躊躇している」と思ってみてください。では「私がこの輪から出るサポートをしてください」とシヴァ神に依頼しましょう。すると、輪の側面にシヴァ神がスーッと寄ってきて、あなたに手を差し伸べます。あなたはその手を取って、シヴァ神に引っ張り出してもらってくださ

い。

④あなたは、何世紀かぶりに輪の外に出ました。抜けた輪を眺めてください。シヴァ神が「あなたの、この輪廻の輪を抜け出したいという願いは本当に本心からのものなのか？」と聞いてきます。もし、あなたが「いいえ」と答えれば、もう一回輪の中に戻してくれます。でも、もうこの輪を使う必要がないと感じたら、「私はもう二度と、この輪廻の輪を使いません」と彼に伝えましょう。

⑤すると、自分のみぞおちから伸びている、エネルギーのコードが視えてきます。あなたは、このコードで輪とつながっていたのですが、あなたが「輪を使わない」と宣言したことで、隠れていたコードが浮かび上がってきたのです。このコードを「破壊の大剣」で、シヴァ神に断ち切ってもらいます。「輪廻の輪につながっている、私のエネルギーコードを完全に断ち切ってください」と依頼しましょう。輪とあなたの間にシヴァ神が立って、大剣を振りかぶります。

ズバッと振り落とした瞬間、あなたの輪廻の輪と、みぞおちにつながっているエネルギーコードが断ち切られます。そして、深呼吸を繰り返していると、あなたの背中にある羽が大きく広がり始めます。ちょっと肩を回してみましょう。肩甲骨に連動して羽も自在に回ります。その動きで「自分は自由になった」のを感じてください。

⑥次に、あなたが抜けた輪廻の輪を両手で持ち上げ、もう一度、100の位置に立ち直します。鉄の輪を体の横に置いて、手でひし形を描き、大きなダイヤモンド製のオクタヒドロンを用意しましょう。そして、鉄の輪を「よっこらしょ」と持ち上げて、ダイヤモンドの中に入れましょう。輪廻の輪が入っているのを確認したら、ダイヤモンドごと持ち上げ、硬さと重量感をしっかり感じてください。その過程をシヴァ神がずっと見守ってくれています。

⑦鉄の輪が入ったダイヤモンド製のオクタヒドロンを抱えながら、「ありがと

う」と感謝の気持ちを込めて、目の前のスパイラルに入れて、手をスッと放しましょう。すると、シュルシュルシュルッと、きれいに右回転しながら、その先の「源」に吸い込まれていきます。それを最後まで見届けたら、深呼吸……。

⑧今、手放したバイブレーションの残りかすが、ダイヤモンド製のオクタヒドロンに、鉄の輪が入ったミニチュアバージョンになって、何百、何千、何万、何億、何兆と、あなたの宇宙空間のような潜在意識の領域に隕石状に浮かんでいます。それをすべて集めて手放すため、目の前にある両開きの扉を開くイメージでパカーンと扉を開け、潜在意識にアクセスします。そして、後ろから前に両手を動かすイメージで、潜在意識に浮かんでいる残りかすを、扉を通して一気に目の前に持ってきます。すると、巨大なダイヤモンド製のオクタヒドロンができ上がり、その中には巨大な鉄の輪が入っているのが視えています。それは、見上げても、見上げ切れないぐらいの大きさです。

⑨ここで再度「私は解脱するために、この輪廻の輪を完全に手放す」と心の中で宣言してください。そして、その巨大なダイヤモンドの想像を超えた硬さと重量感を感じながら、スパイラルに入れ、スッと手を放しましょう。きれいに右回転で螺旋を描きながら、その先の「源」に勢いよく吸い込まれていきます。それは「源」で統合され、光になって、あなたの足元へ波打ちながら戻ってきます。そして、足元で濃密な光の上昇気流をつくり出し、あなたをシヴァ神と一緒に磁場ごとグーッと押し上げていきます。そのまま、どんどん、エレベーターで上がっていくように気持ち良く上がり続け、上がり切れるところまで行きましょう。そこには、あなたの本当の意識、自由で雄大な宇宙意識が広がっています。視えている星や惑星は、あなたの無限の可能性であり、無限の情報です。

⑩それでは、周りの空気を感じてみてください。拡大している感覚、静けさの感覚、調和された感覚、自分の中が凪のように穏やかな感覚……。人によって

は、喜びやワクワク、楽しさといった感覚かもしれません。すべてが心地良く、素晴らしい感覚で、あなたの体は透明なクリスタルの体になっています。それは今までにないほど、ひときわ明るく、透明感のあるクリスタルで、輪廻の輪を抜けた異次元の輝きを放っています。

⑪最後にクリスタルの体の足元が結晶化しながら、磁場に、しっかり根づいていくのを視てください。そしたら、眉間に意識を向け「新しい地球、新しい次元で目を醒ます」と心の中で宣言し、眉間に意識を置いたまま、ゆっくりと目を開けましょう。そのまま、ぐーっと伸びをして、腕と足を拳で軽く叩き、肉体を意識することでグラウンディングします。

上昇気流に乗って皆の「旗振り役」に

この章では、あなたの古いあり方を完全に終わりにしていくため、さまざまな執着を手放し、シヴァ神の大剣で古い地球を破壊しました。そして最後はあなたの意識場に存在している、輪廻の輪のエネルギーを解放しました。これは、上昇気流のうねりに乗っていくための大切な準備になります。

今後、あなたは日を追うごとに、執着が消えていくのを感じるでしょう。

その時、「あ、古い自分が過去世になるって、こういうことか」とわかってくると思います。そして、目の前に広がる「その先の世界」に意識が向き、日々起きるできごとに囚われなくなっていくのです。

でも、それは、目の前の現実を大切にしないということではありません。俯瞰的な視点から、もっと余裕を持って人生を楽しむことができるようになるという意味で、こだわりや執着から解放され、何ごともニュートラルな意識で観察できるようになるんですね。

そうなれば、何が起きても結果に囚われなくなります。「はい、次、はい、次」とすぐに切り替えができ、どんなできごとも過ぎた瞬間、過去世になっていくのです。

逆に、執着を手放せないと「何であんなことしちゃったんだろう」「あの人の言った一言が許せない」と、ずっとねちねち考えてしまいます。挙句には友だちに「ねぇ、何でだと思う？」と相談を持ちかけることで反芻《はんすう》し、いつまでも過去に囚われてしまう。そんなことをしていたら、上昇気流のうねりなど見失ってしまうでしょう。

そんな憂き目を見ないためには、執着に気づくたびに手放し、流れに乗り続けることです。そうすれば世の中で何が起ころうとも、あなたは豊かに幸せになっていきます。あらゆる可能性が見えてくるので、ネガティブな流れに巻き込まれることなく、常にワクワクしていられるのです。

なので、あなたが意識するのは、目の前の現実にハマり込んでいくのではなく、ニュートラルな視点を持つことで、そこから抜け出すこと。そうした意識で生きることで、人生を自由自在に楽しめるようになるのですから。

そして、あなたのそのあり方を皆に見せていくことです。

周りを見渡せば多くの人が「今は食糧難の時代だから仕方ない」「景気が悪いから仕方がない」と、常に世の中の流れに巻き込まれています。それは、これまでとは違う生き方や世界が存在していることを知らないからで、そのままでは、新しい地球はいつまでも見えてこないでしょう。

だからこそ「旗振り役」が必要で、そのために、あなたは、自分らしい人生を送るだけでいいのです。

どんな世の中だろうと現実を創っているのはいつも自分で、自分次第でどうにでもなるのだ、ということに変わりはありません。外側の世界に振り回される人は、人生の幸不幸は世の中次第になりますが、その現実を創っているのも自分です。

でも、あなたのように、本来の自分を憶い出し、望む通りの人生を自由に創造することができる人を見たら、「あんな生き方もできるんだ……自分もそうなりたい！」と、これまでの人生のあり方から、ポーンと抜け始めるかもしれません。

こうして、誰かの本質的な気づきのきっかけになる人をライトワーカーと呼んだりしますが、僕は、そういう人たちが一人でも多く目醒めれば世界は変わると、ずっとお伝えし続けてきました。つまり、この本を読んでいるあなたも、ライトワーカーの一人なのです。

本書で紹介したワークを、自分のペースで楽しみながら行ってみてください。続けていくうちに「こうした方がいい気がする」というインスピレーションが湧いたら、それに従いましょう。エネルギーワークは、あなたの意識とエネルギーを変容させることになります。すると、物事の見方や捉え方が変わり、言動が変わり、現実が変化するのです。あなたが見る人生の景色は、これまでとはまったく違ったものになるでしょう。

その素晴らしい変化を、あなたがまずは体験し、望む人生を望む通りにクリエイトしていっていただけたらと思います。なぜなら、あなたはそれを体現するために、地球に生まれてきたのですから……。

あとがき

本書では、古い地球から新しい地球への移行のプロセス、そして、その新たな世界で銀河人類として進化しながら生きるための、さまざまなワークをご紹介しています。

本文でも何度かお伝えしていますが、ワークをするにあたって大事なポイントは、「自分はこの先、どこに行きたいのか」というビジョンを明確にすることです。

あなたの向かう先が新しい地球であるならば、また5次元以上の世界へ肉体を持ったままアセンションしていくならば、今、あなたは本気で変化するタイミングを迎えています。そこに「面倒臭い」とか「大変そうで難しい」といった、甘えや言い訳は通用しません。

あなたは、そこに向かうと自分で決めたのですから、起こるできごと、出会う人すべてが、銀河人類へと進化するための宇宙からのテスト、と捉え、真摯に向き合っていきましょう。同時に、そのすべてがあなたの本質と深くつながるための恩恵ですから、それを受け取ることで、本当の意味でのエキサイティングで、想像をはるかに超えた人生体験へと導かれていくのです。

そのプロセスで、あなたは本来の雄大で自由な、何ら欠けるところのない完全なあなたの意識を憶い出すことになるでしょう。

だから、怖れないでください。肉体を持ったまま生まれ変わった自分を思う存分、楽しんでください。

僕たち人類にとって、何世紀もの輪廻転生における準備を経て、「心待ちに待ち望んだ変化」が、いよいよ訪れようとしているのですから……。

最後に、本書が完成するまで、辛抱強く見守ってくださった、青林堂の社長である蟹江幹彦氏、渡辺レイ子氏に心からの感謝を捧《ささ》げたいと思います。そして、この本を待ち望んでくださっていた読者の皆さんに、宇宙からのたくさんの祝福がありますように……最後まで読んでいただき、本当にありがとうございました。いつもいつも、ありがとうございます。

並木良和

並木良和（なみきよしかず）
昭和49年生。幼い頃よりサイキック能力を自覚し、高校入学と同時に霊能力者船越富起子氏に師事。大学卒業後、整体を学び整体師として働く。その後、神界・天使界の導きの元2006年から本格的にメンタルアドバイザーとして独立。現在、個人セッションを行いながら、ワークショップや講演も開催している。国内外に多数のクライアントを抱える人気のカウンセラー。
著書に『令和版みんな誰もが神様だった』（小社刊）、『目醒めへのパスポート』（ビオマガジン）、『だいじょうぶ ちゃんと乗り越えていける』（きずな出版）、『ずっと「自分探し」をしてきたあなたへ』（小社刊）など。共著に『失われた日本人と人類の記憶』（小社刊）など。

銀河人類にシフトするあなたへ

令和6年12月10日　初版発行

著　者　並木良和
発行人　蟹江幹彦
発行所　株式会社　青林堂
〒150-0002　東京都渋谷区渋谷3-7-6
電話　03-5468-7769
装　幀　TSTJ Inc.
編集協力　若松正子
組　版　岩井峰人
印刷所　中央精版印刷株式会社

Printed in Japan

ISBN 978-4-7926-0765-4